El jardín mineral

Diseño gráfico: Gloria Gauger
© Óscar Martínez, 2025
© De las ilustraciones, Cecilia Plaza,
por cortesía de su autora
© Ediciones Siruela, S. A., 2025
c/ Almagro 25, ppal. dcha.
28010 Madrid Tel.: + 34 91 355 57 20
www.siruela.com
ISBN: 978-84-10415-26-3
Depósito legal: M-27.091-2024
Impreso en Anzos
Printed and made in Spain

Papel 100% procedente de bosques gestionados
de acuerdo con criterios de sostenibilidad

Óscar Martínez

El jardín mineral
Gemas y piedras preciosas
en el arte y la cultura

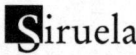
Siruela

Biblioteca de Ensayo 89 (serie menor)

Índice

La familia numerosa del cuarzo

Un olimpo de color y brillo

La irresistible transparencia
de su brillante majestad

Para Francis y Sebastián, mi madre y mi padre,
quienes al regalarme hace años aquel primer
mineral sembraron, sin saberlo, la semilla de
este jardín

Introducción

«El ser humano les envidia la duración, la dureza, la intransigencia y el brillo, que sean lisas e impenetrables, enteras aun quebradas. Ellas son el fuego y el agua en la propia transparencia inmortal».

ROGER CAILLOIS

«No hay otros objetos naturales de los que se pueda aprender tanto como de las piedras».

JOHN RUSKIN

Aproximarse a una piedra preciosa y contemplarla con detenimiento es como adentrarse en un universo en miniatura. Ya sean las esféricas y nacaradas perlas, las múltiples variedades del cuarzo, las diferentes tonalidades de zafiros, rubíes y esmeraldas o los cristalinos y luminosos diamantes, las gemas nos fascinan desde que el ser humano comenzó a explorar la naturaleza que lo rodeaba. Nacidas muchas de ellas en las profundidades de la tierra, sus brillos y colores eran símbolo de todas las riquezas imaginables, por lo que en multitud de leyendas estaban protegidas por monstruos y animales fabulosos. La luz brotando de la oscuridad; la belleza custodiada por la fealdad; las eternas dualidades que configuran nuestro mundo simbólico y cultural. Su pequeño tamaño no fue impedimento para tal protagonismo, más bien todo lo contrario. Fáciles de esconder y transportar, durante milenios han sido acaparadas por los poderosos, engarzadas en joyas de todo tipo y usadas como adorno para dioses y diosas, reinas y reyes. En un mundo muchas veces oscuro, sombrío y complejo, su fulgor era visto como representación de todo lo positivo que la luminosidad posee: desde el imprescindible sol que engendra el día, pasando por el necesario fuego que nos calienta, hasta la luna que ilumina la noche. De ese modo, y si hacemos nuestras las palabras de Vladimir Nabokov según las cuales «nuestra existencia no es sino una breve grieta de luz entre dos eternidades de tinieblas», las gemas serían símbolo luminoso de vida y de triunfo frente a la muerte.

Este no es un libro sobre joyería ni gemología, aunque en él aparecerán muchas joyas y se tratarán aspectos relacionados con la naturaleza física de los minerales. Tampoco sería correcto definirlo como un libro de viajes, si bien, para conocer los secretos de muchas de las gemas habrá que desplazarse hasta lugares remotos, famosas pinacotecas o iglesias centenarias. No es un texto sobre los colores y su simbología, pero los significados asociados a los tonos de las diferentes piedras serán fundamentales. La mitología y la historia serán recurrentes en varios de los apartados, pero sería presuntuoso pretender que son el tema principal. Ni siquiera puede decirse que el argumento de estas páginas sea el arte, a pesar de que en muchos de los capítulos aparecerán pinturas en las que las piedras preciosas tienen un papel clave. ¿Qué es por tanto este libro o qué anhela ser? De manera seguramente ingenua, aspira a parecerse a los minerales que describe. Con sus múltiples facetas, esos cristales son capaces de reflejar diferentes enfoques de la realidad que los rodea, y algo similar pretende *El jardín mineral*.

Desde este punto de vista, los lapidarios quizás sean el tipo de libro más parecido a este. Con dicho término se conocen desde antiguo algunos tratados medievales que recopilan y traducen fuentes clásicas de origen griego que combinaban a su vez conocimientos científicos con creencias esotéricas y mágicas. El obispo Marbodio de Rennes, la santa y abadesa Hildegarda de Bingen o el rey Alfonso X el Sabio —cuyos escritos datan de los siglos XI, XII y XIII respectivamente— son algunos de los autores más conocidos y relevantes, y cada uno ofrece un acercamiento distinto. Mientras que el primero describe una interpretación moral y cristiana de las piedras, la escritora, mística y científica alemana se interesa por sus teóricas propiedades curativas. Por su parte, el monarca toledano relaciona las piedras y sus atributos con los astros y los signos del zodiaco: lo microcósmico con lo macrocósmico, lo cuántico con lo newtoniano. Basado en fuentes árabes —sobre todo en el *Kitāb al-Ahjār* o *Libro de las piedras*, atribuido a Aristóteles, pero con probabilidad escrito por algún estudioso musulmán—, tiene dos maravillosas particularidades. Por un lado, y dadas sus numerosas descripciones y figuras retóricas, se ha llegado a considerar un antecedente de la prosa poética en español. Por otro, al contar con decenas de ilustraciones del mejor estilo gótico, es un verdadero tesoro iconográfico que nos permite zambullirnos en la vida cortesana de aquel tiempo. Física y medicina, magia y alquimia, astrología y zodiaco, de todo ello se trata en los lapidarios medievales.

En los nueve capítulos de este «lapidario moderno» que pretende ser *El jardín mineral* aparecerán no solo estos temas, sino también muchos otros. Entre estas páginas brotarán personajes inolvidables aunque a menudo olvidados, relatos mitológicos que explican el origen legendario de las gemas, enigmáticas maldiciones milenarias y multitud de historias en las que las piedras preciosas han sido protagonistas.

En su ensayo *El arte del saber ligero*, el escritor Xavier Nueno afirma que un libro no deja de ser un intento de resumir una biblioteca, y este no podía ser menos. En este breve texto se han sintetizado decenas de lecturas, cientos de horas frente a obras de arte y miles de kilómetros de viaje. Hemos querido emular lo que la naturaleza es capaz de hacer con las gemas: condensar en un pequeñísimo espacio y volumen todo un abanico de prodigiosas cualidades de color, dureza y brillo. Descubramos algunos de sus misterios y dejémonos guiar por el encanto que estas minúsculas maravillas nos ofrecen.

Invitadas de excepción

Perla

De etimología incierta, del francés perle *y este quizás del latín* perna, *por la forma de muslo que tienen las ostras y los mejillones*

«La literatura es el trabajo de la ostra: toma un instante en apariencia banal y lo transforma en algo que tiene el poder de revelar lo que somos».

GUSTAVO MARTÍN GARZO

«Todo arte es autobiográfico: la perla es la autobiografía de la ostra».

FEDERICO FELLINI

El tesoro más preciado de los mares

La atracción por las piedras preciosas las ha llevado a aparecer en innumerables obras literarias, muchas veces como personajes secundarios, pero también como verdaderas protagonistas. Ahí está la Ciudad Esmeralda del país de Oz en las novelas de Lyman Frank Baum, o la enorme gema esmeraldina alrededor de la que gira el argumento de *Tras el corazón verde*, película dirigida por Robert Zemeckis en 1984 que tanto sorprendió a un niño de siete años aficionado a los minerales. Un talismán egipcio de lapislázuli es el mismísimo narrador de *El escarabajo*, novela escrita por el argentino Manuel Mujica Lainez, mientras que en torno a los poderes de un rubí mágico se desarrollan varios de los capítulos de la serie de televisión *Sandman*, basados a su vez en los cómics de Neil Gaiman. Otro rubí y un zafiro adornan a Narya y Vilya respectivamente, dos de los tres anillos élficos en el mundo creado por J. R. R. Tolkien —el tercero, Nenya, porta un diamante—. Por lo que respecta al iridiscente ópalo, su reciente mala fama puede provenir de *La hija de la niebla*, escrita en 1829 por Sir Walter Scott, en cuyas páginas aparece una joven hechizada que siempre lucía un ópalo en su pelo. Por último, las referencias a los diamantes son múltiples. Ahí están la piedra en cuyo interior se vislumbra la silueta de un felino y cuyo robo es la premisa de *La Pantera Rosa*, célebre filme de 1963 dirigido por Blake Edwards; los *Diamantes para la eternidad* de Ian Fleming, cuarta entrega de la serie de James Bond convertida en película en 1971 y protagonizada por el inolvidable Sean Connery, y, sobre todo, *La piedra lunar*. En esta novela de 1868, William Wilkie Collins utiliza la desaparición de un gran diamante proveniente de la India como excusa para urdir una maravillosa trama que, desde entonces, está considerada como una de las primeras muestras de la novela policiaca.

Y, sin embargo, las perlas reinan y triunfan en este olimpo literario.

Las metáforas que las asocian con las lágrimas, las gotas de rocío o los dientes blancos de la persona amada nos acompañan desde hace siglos. En la «Sonatina» de Rubén Darío viajan desde Ormuz acompañadas de «rosas fragantes» y «claros diamantes», y en la «Rima III» de Bécquer, dedicada a reflexionar acerca de la inspiración creativa, son las palabras que el buen poema logra enhebrar como si de un collar se tratara. Una de las escasas «perlas malvadas» es la protagonista de *La perla* (1947), novela corta de John Steinbeck en la que una familia de la Baja California ve cómo su futuro se ensombrece tras encontrar un enorme ejemplar dentro de una ostra. Y otras brillan desde las páginas de obras tan dispares como *La joven de la perla* de Tracy Chevalier o *La leyenda de la Peregrina* de Carmen Posadas. Esta última está dedicada a la más famosa de todos los tiempos, esa que ha pasado por las manos de reyes, reinas y actrices de Hollywood como Elizabeth Taylor, hasta estar hoy en día en posesión de un último y anónimo comprador. Ahora bien, ¿de dónde proviene esta atracción por las perlas? ¿Qué hay detrás del hechizo que convierte a estas pequeñas esferas nacaradas en algo tan apreciado?

Desde hace miles de años el ser humano posee un apetito voraz por ellas. Ya Plinio afirmaba que «están en el primer puesto del valor de todas las cosas», pues eran extraordinariamente difíciles de obtener y representaban el culmen del lujo y la exclusividad. Según el historiador romano Suetonio, el ansia por conseguirlas fue uno de los motivos que llevó a Julio César a intentar la invasión de Britania, y es también conocida la historia, quizás apócrifa, de cómo Cleopatra demostraba su inmensa riqueza bebiendo perlas disueltas en vinagre. Pocas cosas había más fastuosas; pocas gemas había más deseadas.

Como es sabido, las perlas se forman dentro de moluscos como las ostras y algunos mejillones cuando un agente externo penetra en su interior. En ese momento, el organismo se defiende del agresor aislándolo en sucesivas capas de nácar o madreperla, una sustancia formada por carbonato cálcico —un mineral inorgánico— y conquiolina —un biopolímero orgánico—. Como resultado, y en muy escasas ocasiones, la ostra genera esas esferas de brillo iridiscente que llamamos perlas. Pero aquí no acaban las dificultades estadísticas. Es seguro que en la inmensidad de los océanos esperan millones de ellas cobijadas en sus respectivas ostras, pero la probabilidad de encontrarlas es ínfima, lo que convierte al trabajo de buscador de perlas en una auténtica lotería. Además, las mejores y más perfectas provenían de lugares lejanos y exóticos tales como el golfo Pérsico —de nuevo las de Ormuz del poema de Rubén Darío— o el océano Índico. De hecho, se conocía como «oriente» al reflejo de la luz a través de las diferentes capas de nácar, un brillo tornasolado que aparecía en algunos ejemplares únicos y excepcionales y que era capaz de aumentar su precio.

Su valor también provenía de sus propias características físicas. No hay que olvidar que, durante miles de años, las piedras preciosas más conocidas —granates, zafiros, diamantes, esmeraldas o rubíes, por citar solo unas cuantas— no eran talladas en las formas facetadas y cristalinas que hoy conocemos. Las tecnologías del corte y labrado de estas gemas no se desarrollaron en su totalidad hasta tiempos bastante recientes, por lo que las piedras eran por lo general pulidas y redondeadas hasta darles una forma globular conocida como cabujón. En ese contexto, las perlas más regulares eran gemas que no necesitaban talla alguna, lo que unido a su brillo irisado y su color blanco las dotó de unos simbolismos insuperables, tal y como recoge el gran historiador de las religiones Mircea Eliade en su libro *Imágenes y símbolos.*

Su forma las relacionaba de manera directa con la idea de perfección. Ya Platón en *El banquete* recoge el mito relatado por el dramaturgo Aristófanes, según el cual los humanos primigenios poseíamos forma esférica —con dos cabezas y dos pares de brazos y piernas—, y que, tras desafiar a los dioses, Zeus mandó cortarnos por la mitad hasta darnos nuestro aspecto actual. Por otro lado, la esfera culmina de manera tridimensional los simbolismos del círculo, una de las figuras fundamentales en toda cultura humana. Esféricos son el cielo y los cuerpos celestes, y con la esfera se asociaba al alma que debe ascender hacia las alturas. Así, la ostra deforme e irregular es imagen del cuerpo temporal y perecedero, mientras que la perla se entiende como espiritualización de la materia y culminación de esta evolución. Su color y brillo las vinculaba también con la Luna. De hecho, se creía que eran capaces de sanar enfermedades «lunares» como la melancolía y la locura —no en vano, se denominaba «lunáticos» a quienes padecían episodios puntuales de enajenación—.

Y será de esta última asociación de la que derivarán los que quizás sean sus simbolismos más poderosos, pues las perlas serán pequeñas lunas que iluminan nuestras noches y fecundan nuestras vidas.

¿Collares o cadenas?
¿Adornos o prisiones?

No es difícil encontrar una pintura en la que una mujer luzca perlas. Ya sea en forma de pendientes, broches, colgantes o collares, han adornado desde siempre a las más poderosas y, en ocasiones, desgraciadas de entre las mujeres. Una de ellas fue Leonor Álvarez de Toledo, también conocida como Eleonora de Toledo. Esta figura extraordinaria era hija del virrey de Nápoles Pedro Álvarez, esposa del duque de Florencia Cosme I, abuela de la reina francesa María de Médici y antecesora de todos los Borbones que hubo, hay y habrá en las cortes europeas. Fue retratada en numerosas ocasiones por el pintor manierista Bronzino, y el óleo más conocido es el conservado en la Galería de los Uffizi de Florencia en el que aparece acompañada de su hijo Giovanni. Y de decenas y decenas de perlas. Las hay en la redecilla que le recoge el pelo, en una gorguera de hilo dorado que le cubre parte de los hombros, en los dos enormes collares que rodean su cuello —el más ceñido con una enorme en forma de lágrima— e incluso en la borla de aljófar que remata el cinturón. Apenas pueden identificarse otras gemas en este retrato oficial: varios diamantes, un gran rubí en la parte central del fajín y lo que parece ser una esmeralda en el mismo cinto. Esta absoluta preferencia por las perlas no es casual; este triunfo de lo orgánico y marino frente a lo mineral y terrestre no es fortuito. Y es el sobrenombre por el que se conocía en la corte a

Leonor el que nos dará la pista definitiva: *fecundissima* señora duquesa.

Cosme y Leonor contrajeron matrimonio en Florencia en 1539 con veinte y diecisiete años cada uno. Un año después nacía María, la primera hija de la pareja, pero no la última. Leonor daría a luz a un total de once hijos a lo largo de los siguientes catorce años, algo a todas luces extraordinario en tiempos en los que la mortalidad asociada al parto era altísima. Hasta entonces, la propia supervivencia del linaje Médici había estado en entredicho; desde entonces, y gracias a la unión de muchos de sus descendientes con importantes casas nobiliarias y familias reales, los Médici prosperaron e inauguraron un periodo de relativa estabilidad en el gran ducado de la Toscana. Y ello gracias al esfuerzo y sacrificio de esta mujer que, no por casualidad, aparece en este retrato frente a un maravilloso fondo azulado que rodea su cabeza con reflejos oceánicos. Una mujer que, pese a haber nacido en una Salamanca muy lejana a cualquier costa, es retratada aquí como si de una divinidad acuática se tratara, una Venus laica, una diosa «marina» envuelta en perlas.

Ya hemos comentado la relación entre la Luna y las perlas, pero, para comprender de manera definitiva retratos como el de Leonor, falta un último paso. Pareja y compañera del eterno y masculino Sol, la Luna es encarnación de lo femenino y de los ciclos naturales que, como sus fases, se repiten y reiteran desde el comienzo de los tiempos. En la tradición china es alegoría del yin, la parte femenina y negra como la noche en la que brilla el astro lunar, y, para múltiples culturas, nuestro satélite es símbolo de la humedad generadora, de la matriz acuosa en la que toda vida nace. No es de extrañar que diosas relacionadas con la fertilidad como la Afrodita griega —la Venus romana— nacieran del mar e incluso fueran representadas dentro de una enorme concha, como hizo Botticelli en su célebre *El nacimiento de Venus*, también en los Uffizi de Florencia como el retrato de Leonor. De las perlas a la Luna, de esta al agua, a la fecundidad femenina y a deidades que surcan las olas en el interior de conchas como las que producen las perlas: el círculo está completo. Ahora ya no cabe duda del porqué de haber pintado a la duquesa envuelta en estas lunas en miniatura. Como veremos, los rubíes pueden ser calientes como el fuego del amor y las esmeraldas recordarnos al verdor de la primavera, pero solo las perlas podían acompañar a la *fecundíssima* Leonor.

Quien no tuvo tanta fortuna fue su quinta hija, Lucrecia. Casada a los trece años con Alfonso de Este, heredero del ducado de Ferrara, la joven falleció en 1561 dos meses después de cumplir los dieciséis y tras una breve convivencia con su esposo. La explicación tradicional era que su muerte había sido causada por «fiebres pútridas», aunque también se especuló con una posible tuberculosis. No obstante, desde hace unos años se ha abierto una nueva vía de investigación que atribuye la desaparición de Lucrecia a la horripilante costumbre de asesinar a las esposas que no dieran herederos en un brevísimo periodo de tiempo. Alrededor de esta hipótesis construye la escritora británica Maggie O'Farrell su último libro, *El retrato de casada*, y no destripa la novela decir que Alfonso de Este no consiguió tener descendencia con ninguna de las otras dos esposas que tuvo.

Pese a morir tan pronto, Lucrecia tuvo tiempo de ser pintada de manera similar a su madre en un retrato en el que también brillan decenas de perlas. Por desgracia para la joven, poco podían hacer las gemas ante la demostrada infertilidad de su asesino.

*

La Real Academia recoge una acepción en desuso para el término *unión*. Según el diccionario, es sinónimo de «perla» a partir del latín tardío *unio* —de donde curiosamente provienen también la cebolla inglesa, *onion*, y la francesa, *oignon*, pues esta raíz bulbosa, al igual que la gema, está compuesta por capas brillantes e iridiscentes—. La etimología relaciona unión con el concepto de singularidad, ya que cada perla es única y distinta al resto, aunque hay algunas más diferentes que otras. A lo largo del tiempo, las perlas más apreciadas fueron siempre las esféricas, aunque las de formas similares a huevos, gotas o frutos como las peras también eran buscadas con ahínco. Las irregulares eran a menudo descartadas, a menos que recordaran a partes del cuerpo humano o a algún animal, en cuyo caso eran utilizadas en joyas caprichosas como la Canning Jewel del Victoria and Albert Museum de Londres. De manera también sorprendente, estas perlas de formas originales comenzaron a ser conocidas como «barruecas» por la palabra portuguesa *barroco*, término que acabó por definir al estilo artístico que, después del Renacimiento, se alejó del teórico ideal de belleza clásico, equilibrado y armónico. De ese modo, tras la pátina de los mármoles de Bernini, los dorados versallescos, las dinámicas contracurvas de la arquitectura de Borromini o las pinceladas de Velázquez y Rembrandt, puede vislumbrarse el brillo nacarado de las perlas más extravagantes.

Ámbar

Del árabe hispánico ánbar, *y este del árabe*
clásico anbar, *cuyo significado sería*
«que flota en el mar»

«Se dice que quizá lloramos cuando fracasa el
lenguaje, cuando las palabras ya no pueden
transmitir adecuadamente nuestro dolor».

HEATHER CHRISTLE

Mira atento, Nestórida, amigo del alma, por
estas resonantes estancias el brillo fulgente del
oro y también del electro, la plata, el marfil.
¿No imaginas que es así la morada de Zeus, el
Olimpo?

HOMERO

El llanto petrificado
de un millón de árboles

La temeridad de ciertos jóvenes suele ser peligrosa, y hace miles de años esa inconsciencia estuvo cerca de provocar la destrucción del mundo. Hijo del mismísimo Sol, el brillante e inquieto Faetón viajó hasta Oriente para pedirle a su padre que le dejara conducir su carro durante unas horas. Helios intentó disuadirlo, pues sabía de las dificultades de controlar a los cuatro caballos blancos que tiraban del astro solar cada día, pero acabó cediendo ante la insistencia del joven. Las siete hermanas de Faetón lo ayudaron a enjaezar los animales y, finalmente, el adolescente se lanzó a surcar el cielo. Por desgracia, a partir de este momento los desastres comenzaron a sucederse. Los caballos no reconocieron a su nuevo auriga, se rebelaron y se volvieron ingobernables. Al dirigirse al norte, el carro solar se elevó demasiado e incluso algunos mares lejanos se congelaron. Al intentar conducirlo hacia el sur, Faetón se acercó demasiado y transformó en desierto las tierras que sobrevoló y en oscuras las pieles de quienes allí habitaban. Pero justo antes de que todo el mundo se incendiara y se consumiera entre aquellas prodigiosas llamaradas, Zeus intervino: lanzó un rayo que derribó el carro y acabó con la vida de Faetón, cuyo cuerpo se precipitó desde los cielos para caer cerca del río Erídano. Hasta allí se acercaron sus desconsoladas hermanas sin saber el destino que les esperaba. El dios, furioso al saber que las siete jóvenes habían ayudado a Faetón a preparar el carro para esta infausta aventura, decidió castigarlas. Transformó sus cuerpos en siete álamos negros y sus lágrimas en gotas de ámbar que atraparon el resplandor del mismo astro que había estado a punto de abrasar toda la superficie de la tierra conocida.

El ámbar que desde hace milenios seduce al ser humano no proviene de las lágrimas de las hermanas de Faetón, pero sí de otro llanto y otro dolor. Se trata de una resina fósil originada en tiempos remotos y que en su momento fue exudada por miles de árboles como respuesta a lesiones o enfermedades. Árboles antediluvianos se protegieron produciendo una sustancia que, millones de años más tarde, acabó convirtiéndose en la gema orgánica que hoy nos embelesa. Y lo extraordinario es que, vista la inmensa cantidad de ámbar conservada en algunas zonas, es posible que gigantescos bosques de coníferas se defendieran de manera global frente a algún cataclismo arcaico de dimensiones colosales. ¿Una pandemia infecciosa? ¿El ataque de algún hongo nocivo? ¿Un calentamiento extremo de la superficie terrestre? Lo cierto es que la naturaleza creó belleza a partir del desastre y lo sorprendente es que, durante milenios y sin conocer su origen, el ser humano haya atribuido al ámbar propiedades curativas y medicinales, como si hubiese intuido su función original. De aquellas heridas, estos tesoros; de un olvidado y silencioso lamento vegetal, el eco dorado que engalana nuestras joyas.

Para transformarse en ámbar sólido, la resina debió quedar enterrada en una atmósfera anaeróbica para así evitar el proceso de putrefacción al que toda materia orgánica está condenada. Si a esto le sumamos enormes temperaturas, fortísimas presiones geológicas y varios millones de años, lo que obtenemos es algo fuera de lo común. Su color puede variar dentro de una gama de tonos cálidos, aunque en ocasiones se hallen ejemplares verdes y azules. Lo habitual es encontrar matices acaramelados, intensos naranjas, brillantes tonalidades doradas o amarillos melosos, y, no en vano, y durante milenios, el ámbar fue conocido por los pueblos de las riberas del Mediterráneo como el «oro del norte». Esas civilizaciones se dieron cuenta de que la sustancia tenía propiedades en apariencia mágicas, ya que después de frotarlo contra la lana era capaz de cargarse de una energía invisible que atraía el cabello o los hilos sueltos de los tejidos. Muchos siglos después, el científico inglés William Gilbert, estudioso de este y otros fenómenos similares, decidió llamar electricidad a dicha energía, término que deriva de *élektron* —ἤλεκτρον—, el nombre con el que los antiguos griegos denominaban al ámbar y que para ellos significaba también «sol radiante».

El paso del mito al logos que llevaron a cabo los filósofos griegos nos asalta en el interior de tantos relatos. De las legendarias lágrimas de las Helíades —aquellas hijas del Sol y hermanas del desgraciado Faetón—, hasta el ámbar y sus propiedades eléctricas, que dieron nombre a la energía que nos ilumina y que mueve el mundo. Llanto, castigo y ciencia en una sola historia; brillos, riesgo y temeridad en una sola gema.

Lágrimas viajeras

Cuando en abril de 2023 aterricé en el aeropuerto de Atenas hacía más de veinte años que no visitaba

Grecia y pocas veces había ansiado tanto volver a un país. Esa misma noche dormí en Delfos después de conducir bajo una lluvia primaveral. A la mañana siguiente, los restos del santuario brillaban entre un verdor fresco y flamante, una vegetación casi selvática que contrastaba con la aridez de la ribera del Mediterráneo desde la que había despegado mi avión. Durante los siguientes días fui descendiendo hacia el sur, hacia ese Peloponeso mítico plagado de ruinas antiguas, templos rodeados de miles de flores y teatros que se abren al cielo. Antes de iniciar el viaje creí que aquella semana estaría dominada por el blanco del mármol de la Acrópolis o el azul de las aguas del Egeo, pero fue el dorado del ámbar el que, de manera insospechada, fue coloreando los días.

El primer destello llegó en Nauplia, preciosa y todavía apacible localidad del golfo Argólico. Debo confesar que la escogí como base de operaciones gracias a su cercanía con Micenas, Tirinto y Epidauro, pero al llegar allí la ciudad me enamoró. Me conquistaron la opulencia de sus templos bizantinos, los vestigios otomanos y las inconmensurables vistas desde los bastiones de la fortaleza veneciana de Palamedes. Y el ámbar. Paseando por una de las calles principales, y entre negocios de *souvenirs* y tabernas donde comer musaka y hojas de parra rellenas, me sorprendió un comercio que también hacía las veces de galería: el Museo del Kombolói. Dedicado a ese pequeño juguete con forma de rosario que todavía muchos griegos hacen girar de manera constante, su peculiaridad es que casi todos los *kombolói* que exponía estaban compuestos por cuentas de ámbar. Había miles de rosarios, collares, anillos y amuletos, centenares de tipos de resina y decenas de diferentes tonalidades, y un brillo ambarino envolvía a quien penetraba en el interior de la tienda y lo acompañaba incluso después de haberla abandonado.

A los pocos días dejé atrás Nauplia y viajé a Atenas. ¿Qué decir de la capital griega? No es este el lugar donde recordar los numerosos alicientes que esconde una urbe que, por otro lado, es muy capaz de abrumar al visitante. Quien ansíe tranquilidad y sosiego quizás debería buscarlos en otro lugar, si bien es cierto que, entre los restos del naufragio en el que parece estar envuelta la ciudad, hay espacios de belleza epatante. Uno de ellos es el Museo Arqueológico Nacional. Allí acudí con la idea de presentar mis respetos a obras ilustres como la máscara de Agamenón o el Zeus o Poseidón del cabo Artemisio, y acabé hechizado ante una joven cuyo perfil fue pintado hace más de tres mil años: la Dama de Micenas. Este retrato es uno de los pocos fragmentos de pintura que nos han llegado de la civilización micénica y fue encontrado en 1970 en la Casa del Sumo Sacerdote, al sur de la ciudadela y muy cerca de algunas de las tumbas que excavó un siglo antes el polémico arqueólogo alemán Heinrich Schliemann. Con ambas manos levantadas —quizás en mitad de un baile, quién sabe si adorando a alguna divinidad o incluso siendo ella misma la diosa—, llaman la atención lo cuidado del peinado, la riqueza del vestido y, sobre todo, el valor de las joyas que la adornan. Alrededor de sus muñecas y de su cuello se distinguen varias hileras de cuentas de dos colores: las rojas han sido identificadas como piezas de cornalina, un tipo de cuarzo bastante frecuente; las anaranjadas serían excepcionales, pues se trataría de fragmentos de ámbar. Y no de uno cualquiera, sino de ese «oro del norte» cuyo origen se perdía entre las nieves boreales y los hielos del Ártico y cuya historia merece ser contada con detalle.

Mucho antes de que el ser humano comerciara con esmeraldas o diamantes ya intercambiaba ámbar.

Y también antes de que se establecieran rutas tan conocidas como la de la Seda, ya existía una «ruta del ámbar». Si la primera unió Oriente y Occidente a través de Asia central, la segunda hizo lo propio con las frías tierras del norte de Europa y las templadas orillas del mar en el que bien pudo bañarse la Dama de Micenas. No deja de ser curioso que un material que parece condensar la calidez del sol del Mediterráneo proviniera en realidad del Báltico, pero es allí, en la costa de la actual Polonia, donde se localizaban los principales depósitos de ámbar que llevan siendo explotados desde la Antigüedad. Y quizás sorprenda todavía más cómo se encontraba esa resina, pues buena parte de la que descendió hasta la antigua Grecia no fue extraída de las profundidades de una mina.

El ámbar no se excavaba. El ámbar se pescaba.

Imaginemos las orillas del mar Báltico hace siglos. Imaginemos una mañana de finales de invierno, justo después de una tormenta y cuando los hielos ya han comenzado a retirarse. Imaginemos a qué temperatura gélida puede estar el agua y así entenderemos el porqué de esas hogueras encendidas ya de madrugada. Desde la playa alcanzamos a ver la espalda de varias figuras sumergidas en el mar hasta la cintura. Se afanan durante unos minutos en pescar algo de la superficie y, al poco tiempo, salen del mar y se acercan a los fuegos para evitar la inminente congelación. Ya en tierra firme revisan el botín atrapado en sus redes para, entre restos de madera, conchas rotas y trozos de hielo a punto de derretirse, descubrir fragmentos de resina dorada.

¿Cómo era posible encontrar ámbar flotando en el mar? ¿De qué forma llegó hasta allí y de dónde provenía? Pese a lo extraño que pueda parecer, la explicación es lógica y científica. Por un lado, las gigantescas fuerzas geológicas hicieron que muchos de los grandes depósitos de resina prehistórica estuvieran situados bajo las aguas del Báltico y, al mismo tiempo, en capas muy superficiales de la corteza terrestre. Por otro, las tremendas tempestades que a menudo golpeaban aquellas costas eran capaces de remover el fondo marino y desprender el ámbar. Por último, la muy escasa densidad de la resina le permitía flotar en el agua salada y cerrar así el ciclo: de caer a tierra desde lo alto de los árboles a permanecer durante millones de años sepultada para volver por fin a la superficie.

A partir de aquí comenzaba otro viaje en el que el agua tenía, de nuevo, un papel fundamental. Para llegar hasta la antigua Micenas, los comerciantes empleaban la red de ríos del norte de Europa, los cuales funcionaban como verdaderas arterias comerciales. Por las aguas del Óder, el Vístula o el Dniéster fluían en ambas direcciones pieles, plumas, coral o cerámica, y desde puertos como el de Odesa en el mar Negro, barcos mercantes llevaban el ámbar a las costas griegas. De allí hasta el cuello de una joven micénica que sería retratada en los muros de una casa tan solo faltaba una última etapa, el capítulo final de esta odisea.

Maravillas perdidas

Hace no tanto, cualquier escolar era capaz de recitar de memoria alguna de las siete maravillas del mundo antiguo. La Gran Pirámide, los Jardines Colgantes de Babilonia, el Artemisión de Éfeso, el Zeus de Olimpia, el mausoleo de Halicarnaso, el Coloso de la isla de Rodas y el faro de Alejandría eran monumentos cuya fama resonaba en poemas, crónicas y libros de texto. La destrucción de casi todas —a excepción de la pirámide de Keops en Guiza— ha tenido dos consecuencias: el olvido de muchas de ellas y el impulso, quizás pueril y banal, de establecer otras listas con nuevos prodigios universales, ya sean parajes naturales, edificios u obras de arte. No es el momento de enumerar algunas de las candidatas a entrar en este selecto elenco, pero en un libro como este no podemos dejar de recordar un caso insólito: La única ocasión en la que un tipo de gema fue protagonista de una obra que llegó a ser considerada como la auténtica «octava maravilla del mundo».

En 1701 se inauguraba una centuria y se gestaba un reino. A comienzos del siglo XVIII, Prusia era un territorio recién creado y rodeado de importantes potencias, en especial la Suecia protestante y la Rusia ortodoxa. Pese a una situación de cierta inestabilidad, Federico I decidió impulsar las artes mediante proyectos que colocaran a la corte de Berlín al mismo nivel que otras de la época. Y entre esas iniciativas, una destacó por encima de todas: la construcción de la Cámara de Ámbar. Encargada al escultor barroco Andreas Schlüter y al artesano Gottfried Wolfram, el destino de esta habitación forrada con placas de ámbar, espejos y pan de oro fue cambiando al mismo tiempo que las alianzas políticas de Prusia. De estar pensada para brillar en el palacio de Charlottenburg, pasó a instalarse en el Palacio Real de Berlín, pero en 1716 su historia dio un primer giro inesperado. Deslumbrado por su riqueza y opulencia, el zar Pedro I consiguió que Federico Guillermo I, segundo rey de Prusia, se la regalara como parte del acuerdo de coalición de ambos territorios en contra de Suecia. De ese modo, la habitación fue desmontada y trasladada al palacio de Catalina en Tsárskoye Seló, al sur de San Petersburgo. Hicieron falta diez años para que la obra fuera completada por artistas rusos, quienes adaptaron las piezas a un nuevo espacio todavía mayor y la convirtieron en el orgullo de zares y zarinas, quienes vieron en el brillo del ámbar un símbolo de su poder.

El segundo giro de guion llegó en 1941, en plena Segunda Guerra Mundial y durante la «operación Barbarroja». Es conocida la heroica resistencia de San Petersburgo durante el asedio del ejército alemán. Lo que quizás a veces se olvida es que las fuerzas de la Wehrmacht llegaron a conquistar algunos de los palacios situados alrededor de la antigua capital de los zares. Y entre esos lugares estaba Tsárskoye Seló. En menos de dos días, un grupo de soldados alemanes desmontó la sala y la llevó hasta el castillo de Königsberg, la actual Kaliningrado rusa, a casi mil kilómetros de distancia. Durante los siguientes años, este botín de guerra fue escondido dentro de la fortaleza, pero los bombardeos aliados de 1944 y la definitiva conquista rusa de 1945 condicionaron el penúltimo acto de este relato. Tras la entrada de las tropas soviéticas en la ciudad y en las ruinas del castillo, nada quedaba de la cámara. Pese a sucesivas teorías e hipotéticos hallazgos, jamás se ha encontrado resto alguno de aquel tesoro. Sin embargo, su historia no había concluido.

En 1979 las autoridades de la URSS decidieron reconstruir la sala, un proceso que necesitó de veinticuatro años y de la colaboración de empresas y artesanos alemanes para ser completado. Finalmente, en 2003 y con motivo de la conmemoración del trescientos aniversario de la fundación de San Petersburgo, el nuevo Salón de Ámbar era inaugurado por parte del presidente ruso Vladímir Putin y del canciller alemán Gerhard Schröder. Mucho han cambiado desde entonces las relaciones entre Rusia y Europa occidental, pero hay dos cosas que se mantienen igual: Putin continúa siendo el máximo dirigente de su país y los misterios sobre el destino del salón original siguen sin resolverse. ¿Estarán aquellas toneladas de ámbar y oro escondidas en algún lugar? ¿Fueron víctimas de un naufragio al intentar trasladarlas durante aquellos caóticos meses finales de la Segunda Guerra Mundial? Quizás lo más sensato sea aplicar el principio conocido como «la navaja de Ockham», nombrado así en honor al sabio medieval Guillermo de Ockham y según el cual la solución más probable a un dilema es, en igualdad de condiciones, la explicación más simple.

Un cataclismo natural generó el ámbar con el que se construyó el salón; y otro cataclismo, en este caso desencadenado por la acción devastadora de la estupidez humana, provocó su destrucción. Confiemos en que esta desaparición no se convierta en otra triste metáfora de nuestra mermada capacidad para conservar lo que la naturaleza es capaz de producir.

*

Al salir del Museo Arqueológico de Atenas después de admirar el perfil de la Dama de Micenas quedaban pocas horas para tomar el avión, pero una idea se fue abriendo paso. Muy cerca del apartamento donde me alojaba había visto una tienda de minerales en la que no había tenido tiempo de entrar. Sin duda, había llegado el momento de franquear aquel umbral. El negocio de Nikolaos Albandakis era un festín para cualquier amante de las gemas o los fósiles, pero yo tenía claro qué comprar justo antes de pedir un taxi que me llevara al aeropuerto. Durante todo un viaje de vuelta, en el que sobrevolé buena parte del Mediterráneo, no dejé de apretar entre los dedos un pequeño fragmento de ámbar. En un atardecer interminable en el que aquel avión parecía perseguir al carro de Helios en su viaje hacia poniente, otro pequeño sol iluminó la palma de mi mano.

Coral

Del latín tardío corallum *y este del griego*
κοράλλιον —korállion—, *quizás del semítico*
goral *o «pequeño guijarro»*

Detente en los emporios de Fenicia
y hazte con hermosas mercancías,
nácar y coral, ámbar y ébano.

CAVAFIS

«Un amuleto solo lo es mientras recuerdes el
instante que depositaste en él».

MANUEL ASTUR

Viajando hacia el norte al encuentro
de los tesoros del sur

Hay rincones del sur de Italia en los que el viajero puede sentirse en el norte de África. Son lugares especiales donde, por momentos, parece que se haya cruzado el Mediterráneo para convertir un callejón siciliano en una esquina de Fez o El Cairo. Ocurre en algunos mercados palermitanos como el Capo o la Vucciria, también en callejuelas de Bari donde el campanario de la catedral se transforma al atardecer y por un instante en el minarete de la Koutobia de Marrakech y, por supuesto, en zonas del centro histórico de Nápoles como la Via San Gregorio Armeno. Repleta de tiendas, turistas y tenderetes que inundan la calle, lo que ha hecho célebre a este bazar oriental en plena Italia son las figuritas de belén que pueden comprarse en cualquier época del año. Sin embargo, lo que nos ha traído hasta aquí no son los pesebres ni los Reyes Magos en miniatura. Hemos viajado hasta Nápoles en busca de un objeto cuyo intenso color rojo despunta entre los imanes con forma de *pizza* y las tarjetas postales de perfiles vesubianos: el *cornicello napoletano*.

Con su forma retorcida y alargada —que muchos confunden con un pimiento— este «pequeño cuerno» es uno de los amuletos más antiguos que se conocen y se emplea en las culturas mediterráneas desde hace siglos. Su forma nos remite a los cuernos de animales como antílopes, bueyes o toros, pues estos apéndices óseos tenían una connotación fálica que los hacía inmejorables talismanes contra todo tipo de influjos maléficos. Y, aunque pudieran estar fabricados en metal, hueso o madera, lo más habitual es que fueran pequeños fragmentos de coral rojo extraídos del cercano mar Mediterráneo, si bien hoy en día esta preciada gema orgánica se ha visto sustituida por plásticos de lejanos e inciertos orígenes.

Como ocurrió con tantas otras, el cristianismo adoptó e incorporó esta tradición pagana. Para comprobarlo, daremos el primer paso de un viaje que nos llevará hacia el norte en busca de los corales del sur. Si dejamos el mar a nuestra espalda y continuamos por la misma Via San Gregorio Armeno, abandonaremos el centro histórico para adentrarnos en el Rione Sanità, uno de los barrios más populares de la ciudad. Pasaremos frente al Palazzo dello Spagnolo, cuya escalera interior es una de las más fotografiadas de Nápoles, y embocaremos una calle de precioso y apropiado nombre para este libro, la Via dei Cristallini, donde acaba de abrirse al público un fabuloso hipogeo funerario griego. Según avanzamos, las calles se empinan cada vez más al acercarnos a nuestro primer destino: la colina de Capodimonte y su museo. Entre una colección impresionante que se extiende por las tres plantas del palacio real construido a partir de 1738 por el futuro Carlos III de España, podemos encontrar un par de pinturas que, en otro momento, podrían pasar desapercibidas. Se trata de dos obras de Bartolomeo Caporali y Antonio Solario en las que aparece la Virgen María acompañada de un Niño Jesús de cuyo cuello pende una pequeña «rama» de coral rojo. Un amuleto pagano protegiendo al mismísimo Dios hecho hombre; magia precristiana acompañando al fundador del cristianismo en dos pinturas que no son casos excepcionales, pues si continuamos nuestro periplo podremos dar con otros ejemplos.

Dejemos Nápoles y viajemos hacia el norte siguiendo la cresta de los Apeninos. Abandonemos la región de Campania, flanqueemos las del Lacio y los Abruzos y adentrémonos en la de las Marcas, para llegar al Palacio Ducal de Urbino. Allí podremos contemplar la *Madonna di Senigallia*, una pequeña tabla de uno de los grandes maestros del *Quattrocento*: el florentino Piero della Francesca. Resuelta con su habitual gama cromática algo atenuada, el artista introdujo una nota de intenso colorido en el collar de cuentas que lleva el Niño, del que cuelga una nueva rama de coral, más grande si cabe que las napolitanas. También del mismo pintor es la *Pala di Brera*, en este caso conservada en Milán, casi cuatrocientos kilómetros al norte de Urbino. En esta pintura encargada por Federico de Montefeltro, quien aparece arrodillado en la parte derecha del retablo, una maravillosa arquitectura renacentista sirve de marco a trece grandes figuras. Entre santos, santas y ángeles enjoyados, el Niño duerme tranquilo en el regazo de su madre, protegido por otro fragmento de coral mágico.

La última etapa de nuestro viaje será la más larga y nos llevará hasta el Museo del Louvre en París, siempre sobre la pista de la pintura italiana. Colgada de los muros de la Grande Galerie y acompañada de obras de Perugino, Leonardo, Arcimboldo o Rafael, destaca la *Madonna della Vittoria* de Andrea Mantegna. Como la de Milán, esta composición congrega a santos, santas y personas reales —en este caso Francesco Gonzaga de Mantua— alrededor de la Virgen y el Niño. Ahora bien, en esta pintura el coral ha alcanzado una dimensión que supera cualquier expectativa. En lugar de aparecer como un colgante que protege únicamente al pequeño Jesús, Mantegna representó una enorme rama rojiza que cuelga de la parte superior del cuadro. Un auténtico árbol coralino cuyos brazos crecen ante nuestra mirada expandiendo su energía benéfica a todos los personajes que habitan la tabla. ¿Qué extraordinarios poderes se atribuían al coral hasta el punto de protagonizar pinturas como esta? ¿De dónde provenía la atracción por este material? Quizás al conocer sus orígenes, tanto legendarios como reales, se nos desvelen las respuestas a estos interrogantes.

Naturalezas múltiples

Como para tantos otros fenómenos de la naturaleza, los antiguos griegos tenían una historia mítica que explicaba el origen del coral. Así la recoge Ovidio en el cuarto libro de sus *Metamorfosis* cuando relata el momento posterior a que Perseo derrotara a Medusa. Agotado tras decapitar a la gorgona, el héroe se detuvo a orillas del mar a lavarse las manos y apoyó la cabeza sin vida sobre un lecho de algas. No obstante, tal era la energía nociva de Medusa que, incluso muerta, su cabeza no perdió la capacidad de petrificar todo aquello que la rodeara. De esa forma, las suaves algas marinas sobre las que se derramó la sangre se convirtieron en duro y pétreo coral. La importancia de este relato es extraordinaria, pues los simbolismos que se atribuyeron a la gema derivan de su relación directa con la sangre y con la mirada petrificante del monstruo —no en vano, la antigua palabra griega para el coral era *gorgeia*—. Con la primera están conectadas sus propiedades mágicas contra las enfermedades hemáticas y como favorecedora de la coagulación y cicatrización de las heridas y hemorragias, así como su uso como amuleto durante los partos. Por otro lado, su conexión con Medusa lo convirtió en el mejor y más potente talismán contra el mal de ojo, pues ¿qué otro maleficio de la mirada puede ser más peligroso y mortal que aquel que petrifica?

Cuando se intentó dar una explicación científica a su naturaleza, las confusiones continuaron durante siglos. Tanto Dioscórides en su *De materia medica* como Plinio el Viejo en su *Historia natural* defendieron un origen vegetal. Según estos y otros estudiosos de la Antigüedad, el coral era una planta marina que, al entrar en contacto con el aire, se endurecía hasta transformarse en piedra. Del verde al rojo, esta metamorfosis lo convertía en un material que encarnaba la unión de lo vegetal y lo mineral, a lo cual se unía su crecimiento en forma de ramas arbóreas, como en el ejemplo de la *Madonna della Vittoria*. Representación universal del eje del mundo, el árbol es uno de los elementos de mayor carga simbólica que puedan imaginarse y, al compartir características con él, la joya se impregnó de toda una serie de significados positivos.

Hubo que esperar hasta mediados del siglo XVIII para conocer con detalle la naturaleza del coral. Hasta ese momento se le denominaba *litodendrum* o árbol de piedra y era analizado y recogido en textos científicos como el ya citado Dioscórides de Viena del año 512. Fue Jean-André Peyssonnel quien descubrió que pertenecía al reino animal en la década de 1720. Durante un viaje por las costas norteafricanas de Túnez y Argelia, este naturalista y médico francés realizó unos experimentos que demostraron que el coral utilizado desde la Antigüedad era en realidad el exoesqueleto calcáreo de un animal perteneciente al filo de los cnidarios y, en su mayoría, a la clase de los antozoos. Por desgracia, sus contemporáneos no estaban preparados para aceptar este hallazgo. De hecho, sus artículos fueron ridiculizados e ignorados durante décadas hasta que, ya en la segunda mitad del siglo, toda la comunidad científica se rindió ante la evidencia.

Como ya hemos visto, las joyas protectoras con fragmentos de coral eran muy comunes en el arte italiano, pero no solo allí. También en la pintura gótica de la antigua corona de Aragón existen multitud de ejemplos similares a los italianos en obras de autores como Jaume Huguet o Lluís Dalmau, entre muchos otros. No es casualidad. El coral rojo —*Corallium rubrum*— es una gorgonia endémica del Mediterráneo que tan solo se encuentra en cuevas y acantilados poco iluminados de este mar y en zonas limítrofes del Atlántico. Es lógico que fueran tradiciones artísticas de territorios bañados por estas aguas las que desarrollaron tanto la costumbre de protegerse con estos amuletos como el hábito de incluirlos en sus imágenes religiosas.

Material único y excepcional, el coral fusiona en su naturaleza los mundos vegetal, animal y mineral. Imbuido desde antiguo con propiedades mágicas sorprendentes, es posible que buena parte de estos atributos y simbolismos estén conectados de manera directa con el enigma que rodeaba su origen. Si el poeta simbolista Georges Faillet afirmaba que «el misterio es la mitad de la belleza», y Voltaire defendía que «el secreto de aburrir es contarlo todo», desde hace miles de años, y gracias al misterio que lo envuelve, no nos aburrimos ni cansamos de atesorar, contemplar y admirar la belleza del coral.

*

En los lapidarios medievales se citan piedras como el carduro —que según el *Tratado de fascinación o aojamiento* del marqués de Villena se encontraba en el estómago del oso—, los bezoares —hallados en el interior de múltiples animales y que servían como antídotos para cualquier veneno— o el azabache, una variedad de carbón muy empleada en joyería. Ahora bien, parece como si las principales gemas orgánicas provinieran del mar y de la respuesta de plantas y animales ante agresiones externas. Defensa ante cuerpos extraños, resinas curativas y esqueletos protectores, resulta sorprendente cómo el ser humano ha convertido estos «residuos» en tesoros. Perlas caribeñas, ámbar báltico y coral del Mediterráneo, el mar es el caldo de cultivo de las más apreciadas de estas joyas. Si a día de hoy se sabe que la vida surgió en el agua y que todos quienes hemos habitado este planeta tenemos un linaje marino, es lógico que estas maravillas también tengan su origen en los océanos. En sus colores y sus brillos se esconde un lejano eco de los seres vivos que las crearon para protegerse y embellecernos, para embellecerse y protegernos.

La familia numerosa del cuarzo

Amatista

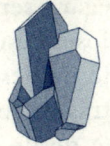

Del latín amethystus, *y este del griego*
ἀμέθυστος —améthystos—, *sobrio y opuesto
a la embriaguez*

Hurta al rojo su ardiente y noble vena
y al azul la devota condición
y con ambos ornatos constituye
el destello violeta.
Opuesta a la ebriedad es su hermosura
que a los lirios efímeros ofende;
perfecto poliedro que al juicio
el equilibrio presta.

CLARA JANÉS

Si ya hemos visto cómo la imprudencia de algunos jóvenes podía llegar a ser peligrosa, la lujuria desbocada de los dioses resultaba todavía peor. Ebrio de vino y ávido de deseo, el incontrolable Dioniso se lanzó detrás de Amethyste, una joven casta y decorosa que desde hacía tiempo hacía oídos sordos a las constantes peticiones del dios. Al igual que hubo de hacer Dafne al ser perseguida por Apolo o Aretusa al huir de Alfeo, la muchacha pidió ayuda de manera desesperada justo antes de ser alcanzada por su acosador. Y de la misma forma que Dafne fue convertida en laurel y Aretusa en arroyo, Amethyste fue transformada en roca transparente por Artemisa, diosa de la castidad, la virginidad y la pureza y, por tanto, eterna rival del lascivo Dioniso. Sin embargo, aquí no termina la historia, pues cuando el dios llegó junto a la doncella tuvo un extraño rapto de lucidez. Conmovido ante la decisión de la joven de permanecer casta hasta el final, decidió arrepentirse de su comportamiento y realizar un sacrificio en señal de respeto. Como no podía ser menos, vertió sobre el mineral cristalino una ofrenda del vino que siempre llevaba consigo, coloreando de violeta la roca y dando lugar al nacimiento de esta gema.

A lo largo del tiempo he coleccionado diversos objetos. Mapas en relieve, fotografía del siglo XIX o ediciones de *El Loto Azul* de Tintín en todos los idiomas posibles han constituido pasiones puntuales, pero el entusiasmo por los minerales ha sido el único que nunca me ha abandonado. Todavía conservo la guía de la editorial Grijalbo editada el mismo año en que nací y garabateada con las anotaciones de un niño curioso, así como los estuches de madera en los cuales guardé decenas de rocas durante años. Incluso a día de hoy, me es imposible pasar cerca de una tienda de minerales y no dedicar unos instantes a contemplar el escaparate. Y todo comenzó con una amatista: un pequeño fragmento de geoda en el que los cristales van coloreándose de morado a medida que se acercan al vértice. Un mineral que mis padres debieron de regalarme a comienzos de la década de los años 80, pues, junto a la pirita, dorada y cúbica, suele ser uno de los elegidos a la hora de comenzar una colección gracias a lo llamativo de sus formas y, sobre todo, a su fácil disponibilidad.

Esto último se debe a que la amatista es un tipo especial de cuarzo, mineral extraordinariamente común en la corteza terrestre. Compuesto de sílice —dióxido de silicio o SiO_2—, es transparente en su estado puro, como la doncella del mito, y no es el vino dionisiaco, sino las impurezas de óxido de hierro las que le dan el violeta de la amatista. En su forma incolora, el cuarzo se conoce desde hace milenios como «cristal de roca» y se llegó a considerar hielo petrificado. Así lo afirma Plinio en el libro XXXVII de su *Historia natural*, basándose en la suposición de que era fácil encontrarlo en zonas cercanas a glaciares alpinos y no tanto en los alrededores de volcanes. Además de la coloración morada, el cuarzo puede presentar múltiples variaciones cromáticas, unas más comunes que otras, pero todas apreciadas desde antiguo. Lo hay de un intenso rojo —los pequeños jacintos de Compostela que despuntan entre las arcillas y los yesos del lugar donde crecí—, amarillos anaranjados —el citrino que a veces sustituyó al mucho más valioso topacio—, ahumado —denominado «morión» cuando del gris pasa al negro por efecto de la radiactividad natural—, e incluso rosado —con trazas de manganeso o titanio—.

La historia que hemos recreado al comienzo del capítulo no es un mito antiguo. En realidad fue creada en el siglo XVI por el poeta renacentista francés Rémy Belleau, pero es igualmente útil para introducir los simbolismos vinculados con esta gema. Ya los griegos relacionaban la amatista con la sobriedad, tal y como expresa su propio nombre. *Améthystos* proviene de la suma del término *méthystos* —borracho, intoxicado, ebrio— y la partícula negativa *a-*, por lo que significaría «no borracho». La asociación entre estos conceptos deriva casi con toda seguridad del color de la piedra, pues el morado lo conectaría con el mundo del vino y lo dionisiaco, ideas que recogería el francés Belleau para desarrollar su evocador mito. Es por ello por lo que durante la Antigüedad se tallaron vasos y copas en grandes amatistas con el fin de poder beber sin caer en la ebriedad, algo clave para aquellas culturas, tal y como defiende Edward Slingerland en su provocador ensayo *Borrachos: cómo bebimos, bailamos y tropezamos en nuestro camino hacia la civilización.* Para este filósofo e investigador norteamericano, el consumo controlado de pequeñas cantidades de alcohol fue esencial para el desarrollo de las sociedades humanas, pero la embriaguez debía ser evitada a toda costa. Y era ahí donde la amatista cumplía su función de moderadora de las pasiones y ahuyentadora de los excesos.

No es de extrañar tampoco que este simbolismo traspasara las fronteras de la Antigüedad y acabara germinando dentro del cristianismo, una religión donde el vino tiene un papel crucial en esos banquetes mágicos que son las misas. De ese modo, las amatistas se convirtieron en las piedras más utilizadas para adornar los anillos de obispos y cardenales, generalmente talladas en forma de cabujón. Así, la gema los ayudaba a mantenerse sobrios, equilibrados y ecuánimes, cualidades todas ellas en teoría imprescindibles para poder llevar a cabo su misión con éxito.

Hasta el siglo XVIII, la amatista era una de las piedras más valoradas. Junto con el zafiro, la esmeralda, el rubí y el diamante, constituía el grupo de lo que se conocía como «gemas cardinales», esto es, fundamentales y esenciales. Sin embargo, la situación cambió cuando se descubrieron enormes depósitos en Brasil, Uruguay y Madagascar, pues la oferta aumentó de manera exponencial, lo que se tradujo en un desplome de su valor. ¿Significa esto que las amatistas ya no son utilizadas en joyería?

Nada más lejos de la realidad. Lo interesante es que, a diferencia de otras gemas en las que el peso —medido en quilates— es el factor determinante para su precio, en las amatistas se valora sobre todo su color. No debemos olvidar que el violeta es uno de los tonos menos comunes de la naturaleza, por lo que, cuando algunas amatistas presentan matices especiales, se convierten en verdaderas maravillas muy buscadas y apreciadas. Ahí están las amatistas «rosa de Francia» —que recuerdan al malva de las flores de lavanda a comienzos del verano—, las de un intenso púrpura «profundo de Siberia» o el excepcional caso del ametrino. Este cuarzo solo se encuentra en una única mina del mundo, la de Anahí en Bolivia, y combina el violeta de la amatista y el amarillo del citrino. No es difícil de imaginar que estos cristales insólitos habrían hecho las delicias de pintores fauvistas como Matisse o Derain, quienes tanto gustaban de unir estas parejas de colores complementarios a comienzos del siglo XX.

De ciudades celestiales, minerales y brillantes

La tarde del 7 de junio de 2023 se presentó gris y desapacible. Después de pasar varios días en la Feria del Libro de Madrid y antes de coger el tren que me devolviera a Valencia, decidí resguardarme de la lluvia en la Biblioteca Nacional atraído por la exposición «Beato de Liébana. La fortuna del Códice de Fernando I y Sancha». Pocos manuscritos medievales me han fascinado más que estos códices, pero lo que no podía prever es que la muestra me iba a regalar un momento inolvidable. Después de comer apenas había visitantes, y, tras pasar por una primera sección con paneles informativos, reproducciones de gran tamaño e incluso facsímiles, me dirigí hacia la vitrina en la que se exponía el original. El códice consta de más de seiscientas páginas y casi cien ilustraciones, pero al acercarme al libro me di cuenta de cómo, a veces, las casualidades se ponen de nuestra parte. De todas las posibles imágenes, tenía ante mí la única directamente relacionada con la escritura de este libro, cuyo proyecto ya estaba en marcha. Ocupando la práctica totalidad del pergamino se desplegaba un rectángulo rematado por almenas, con tres puertas de arco de herradura en cada lado y doce figuras ocupando los umbrales. Sobre la cabeza de cada personaje, un disco de color y una palabra escrita en tinta roja: en total, doce gemas. Las tres de la parte superior eran fácilmente identificables —jaspe, zafiro y ágata calcedonia—, después iban apareciendo otras también muy conocidas como la esmeralda, la cornalina o el topacio, algunas poseían denominaciones que han caído en desuso y, al llegar a la última puerta, apareció un nombre familiar: amatista. ¿Qué representa esta imagen? ¿Qué lugar es este, cubierto de piedras preciosas y brillantes colores? Para responder a estas preguntas debemos conocer qué tipo de libro eran los beatos y por qué fueron ilustrados de manera tan pormenorizada y lujosa.

El Apocalipsis es el último libro del Nuevo Testamento de la Biblia y uno de los más enigmáticos. Atribuido tradicionalmente a san Juan evangelista, ofrece diversas visiones proféticas sobre el fin de los tiempos y el juicio final, todas ellas repletas de símbolos e imágenes de compleja interpretación. Los investigadores datan su escritura a finales del siglo I o comienzos del II —lo que imposibilitaría que el citado apóstol fuera el autor real—, y a lo largo del tiempo ha sido tanto atacado como defendido por teólogos y padres de la Iglesia. Entre los grandes defensores del texto destacó Beato de Liébana, monje del actual monasterio cántabro de Santo Toribio, quien entre los años 776 y 786 redactó unos *Comentarios al Apocalipsis* destinados a facilitar la comprensión del libro bíblico y su uso litúrgico. De manera sorprendente, este texto fue poco a poco tomando relevancia en los reinos hispanos altomedievales. Prueba de ello son las decenas de ejemplares que se conservan, con una característica que los hace únicos: prácticamente todos poseen extraordinarias ilustraciones. Con vivos colores y estilo expresivo, pueden encontrarse escenas como la destrucción de Babilonia, las plagas y desastres que sobrevendrán al final de los tiempos, algunos de los primeros mapamundis del occidente medieval y, por supuesto, la ilustración que estaba esperándome dentro de aquella vitrina en la Biblioteca Nacional: la Jerusalén Celestial.

En el capítulo 21 se describe esta ciudad como una auténtica joya que descenderá de los cielos en un futuro posapocalíptico. Con muros de jaspe, cada una de sus doce puertas es una perla y sus calles son de brillante oro puro como el más limpio y transparente cristal. Es en sus cimientos donde aparecen las doce piedras preciosas culminadas por la amatista de la duodécima puerta de la ilustración del Beato de Fernando I y Sancha. Se completa así esta ciudad que, más que una verdadera urbe, se presenta como un símbolo. Esta Nueva Jerusalén es en realidad una metáfora de toda la perfección que el ser humano medieval atribuía a las piedras preciosas y a los metales nobles, asociados desde siempre a las fuerzas espirituales y su inseparable luminosidad. Así lo defiende también Juan Eduardo Cirlot en su *Diccionario de símbolos* al afirmar que en la Jerusalén Celeste «prevalece el elemento mineral, mientras el paraíso perdido se describe como jardín y preferentemente vegetal».

El Edén del comienzo fue un paraíso vegetal; la Jerusalén del porvenir será una ciudad pétrea. ¿Podrían combinarse ambas ideas en un nuevo concepto que uniera lo mejor de ambos mundos? ¿Puede llegar a imaginarse un lugar así, un vergel metálico, un jardín mineral?

*

A comienzos de la década de 1950 el pintor Francis Bacon comenzó unas interpretaciones del *Retrato de Inocencio X* que Velázquez había pintado durante su segundo viaje a Italia tres siglos antes. Durante los siguientes años, Bacon creó decenas de pinturas en una serie que acabó por convertirse en algo parecido a una obsesión. Curiosamente, el artista británico jamás quiso ver la pintura original conservada en la Galería Doria Pamphili de Roma, y trabajó siempre a partir de fotografías y reproducciones. En la obra del pintor español, el pontífice viste sotana blanca y capa y gorro rojos, color que también aparece en el respaldo del asiento y en las cortinas del fondo de la escena. Al mismo tiempo, luce un anillo en la mano derecha con una gema muy difícil de identificar, pero que quizás Bacon interpretó como una amatista a la vista de cómo versionó la obra en sus pinturas. De hecho, en buena parte de los cuadros de la serie el rojo ha sido sustituido por un intenso violeta que parece emanar del anillo y dota a la escena de una pátina de irrealidad y alucinación. No deja de ser llamativo que alguien tan poco dado al equilibrio y a la sobriedad como Francis Bacon escogiera el tono de la gema de la moderación para colorear sus pesadillas y sus angustias.

Ágata

Del francés antiguo agathe, *proveniente
del latín* achātes, *y este del griego* ἀχάτης
—achátēs—, *quizás por el nombre del
río Achates, en Sicilia*

Con mano delicada
busca en una vena
de ágata
el perfil de Apolo.

THÉOPHILE GAUTIER

Reliquias pintadas, monasterios recónditos
y mágicas copas sagradas

Más allá de la rúbrica caligráfica que a veces identifica las obras, muchos artistas poseen otras «firmas» que los caracterizan y distinguen. Rasgos únicos como los campos abstractos de color de Rothko, los detalles florales de Georgia O'Keeffe o las instalaciones de Cristina Iglesias, a medio camino entre lo escultórico y lo mineral. Señales tan personales como los minúsculos autorretratos escondidos en los bodegones de Clara Peeters o esas pinceladas de Sorolla, interminables y perezosas como tardes veraniegas a orillas del Mediterráneo. Junto a esas aguas también desarrolló su carrera Juan de Juanes, máximo representante del Renacimiento en la Valencia de la segunda mitad del XVI, quien en muchas de sus pinturas eligió como «firma» la imagen de un tipo especial de copa. Este cáliz aparece en alrededor de media docena de representaciones de Cristo —entre las que destacan la del Museo del Prado o el par que conserva el Museo de Bellas Artes de Valencia— y en dos últimas cenas: una en la catedral de Valencia y otra, quizás la mejor, en el ya citado Prado. Lo llamativo es que la parte superior de este cáliz no es de metal o cerámica, sino que está tallada en un bloque de ágata; lo extraordinario es que todavía podamos contemplar la pieza original que vio Juan de Juanes y que retrató en sus pinturas: el Santo Cáliz de la catedral de Valencia.

Este templo no es el monumento más conocido de una ciudad con atractivos como la Lonja de los Mercaderes o el Mercado Central, separados por cuatrocientos años y apenas una veintena de metros. También compiten con la sede catedralicia las cercanas playas que pintó Sorolla, el complejo de la Ciudad de las Artes y las Ciencias o varias instituciones de arte contemporáneo de primer nivel como el IVAM o el más reciente Centro de Arte Hortensia Herrero. Incluso las dos monumentales puertas de las antiguas murallas atraen a un número creciente de turistas: la de Serranos, al norte y con novelesca historia, y la de Quart, al oeste y cuya vista tengo la inmensa suerte de disfrutar cada día desde mi balcón. Pese a ello, la catedral merece ser explorada en profundidad, pues ofrece al visitante atento no pocas sorpresas. Una de las portadas románicas más al sur de toda la península ibérica; varias soberbias muestras de arquitectura gótica —el deslumbrante cimborrio o el imponente campanario o torre del Miguelete, por destacar tan solo dos—; pinturas de gran nivel como el retablo mayor y, sobre todo, los frescos renacentistas del ábside principal; un par de cuadros de Goya y, por supuesto, el Santo Cáliz que Juan de Juanes pintó con obsesión durante toda su vida.

Para contemplarlo debemos tomar un pasillo a la derecha de la puerta principal y penetrar en el solemne espacio de la primitiva sala capitular. Allí, en el muro frente a la entrada y rodeado de un retablo de alabastro proveniente del antiguo coro, encontramos por fin el cáliz con su característica forma: una base, un pie y unas asas añadidas en la Edad Media y, por último, la copa propiamente dicha. Esa parte superior que habría estado presente en la última cena e incluso, y según otras creencias, habría recogido la sangre del mismísimo Jesús crucificado justo antes de morir. Estaríamos, por tanto, ante un hipotético santo grial, un teórico sagrado cáliz tallado en ágata hace más de dos mil años y cuya biografía mezcla lo quimérico y fantástico con lo histórico. Llegados hasta aquí, merece la pena rememorar este relato para comprobar, de nuevo, cómo las gemas y las piedras preciosas han protagonizado nuestro pasado más legendario.

Es también una piedra la que da nombre al lugar al que viajar para conocer dónde termina la leyenda y comienza la historia de este objeto. El monasterio de San Juan de la Peña se encastra bajo una enorme roca que le sirve de parapeto y le da su peculiar apariencia rupestre. A pocos kilómetros de Jaca y envuelto en una naturaleza agreste, fue construido a instancias de los reyes de Aragón en los años centrales de la Edad Media. Desde el siglo XI sirvió como panteón real para numerosos monarcas y entre sus muros se custodiaba la copa de ágata que nos ha traído hasta aquí. De hecho, está documentado que en 1399 el rey Martín el Humano reclamó de manera definitiva la reliquia para llevarla al palacio de la Aljafería de Zaragoza, donde convivió con las yeserías musulmanas de ese excepcional edificio. Ahora bien, ¿cómo llegó hasta San Juan de la Peña? Y lo que es más importante: ¿cabe la posibilidad de que esta copa sea en realidad un objeto de tiempos bíblicos?

Como era de esperar, al remontarnos en el tiempo los fiables y sólidos datos científicos dejan paso a las brumosas fábulas de las que están construidos los mitos. Según la tradición aragonesa, tras la muerte, resurrección y ascensión de Cristo, el cáliz habría sido llevado en tiempos de san Pedro desde

Jerusalén hasta Roma, donde fue conservado durante más de doscientos años. Llegamos así al año 258, primera de las fechas clave de esta leyenda. En el reinado del emperador Valeriano se produjeron persecuciones de cristianos que coincidieron con el pontificado de Sixto II, quien, temeroso de perder la reliquia, habría encomendado su custodia al diácono san Lorenzo. Este santo nacido en Huesca, famoso por su curioso martirio y por dar nombre al majestuoso monasterio de El Escorial, decidió enviar la copa de ágata hasta su tierra natal, donde permanecería oculta en diversos paraderos hasta reaparecer en San Juan de la Peña.

A partir de este momento la biografía de la presunta reliquia puede ser trazada con total seguridad, siempre cercana al poder real aragonés y custodiada en lugares privilegiados. En 1409 fue trasladada desde Zaragoza hasta la capilla de Santa Ágata de Barcelona —se hace difícil imaginar un mejor nombre para este lugar— y, tras unos años de vicisitudes, en 1432 viajó hasta Valencia junto a la corte de Alfonso el Magnánimo. Allí tuvo lugar un segundo momento fundamental. Después de permanecer cinco años en el antiguo Palacio Real, en 1437 el rey la entregó a la catedral junto con otros objetos sagrados como fianza de un préstamo destinado a poder financiar sus campañas militares en Italia. Finalmente, y tras la toma de Nápoles en 1443, Alfonso jamás volvería a Valencia ni devolvería la deuda, por lo que el cáliz permanece desde entonces en posesión de la catedral, de donde apenas ha salido en escasísimas ocasiones durante los últimos seiscientos años.

¿Qué parte de esta historia es verdadera y qué otra es una mera invención? Diversos investigadores defienden que el vaso sería una pieza original de alrededor del siglo I a. C. y que se trataría de una copa de bendición judía —*Kos Kidush* en hebreo—, susceptible por tanto de haber estado presente en la Jerusalén de comienzos de nuestra era. De hecho, hay objetos similares tallados en otras variedades de cuarzo y conservados en museos como el British de Londres. Ahora bien, las primeras menciones a una copa presente en la última cena o que hubiera recogido la sangre de Cristo en la cruz datan del siglo VI —así constaría en el *Breviarius de Hierosolyma*—, por lo que toda la historia parece ser una leyenda de tiempos medievales.

Lo único cierto es que el cáliz se expone en la catedral de Valencia, de la misma manera que multitud de reliquias, con probabilidad muchas falsas, también se custodian en miles de templos a lo largo y ancho del continente. Entre ellas hay un número casi incontable de huesos, miles de astillas de madera de la cruz del Calvario, objetos que usaron santos, santas y mártires e incluso otros tan peculiares como restos del maná que cayó del cielo sobre el pueblo de Moisés o plumas de arcángeles y del mismísimo Espíritu Santo al convertirse en paloma. Tampoco cabe duda de que, a diferencia de esos otros muchos restos orgánicos que los siglos han corroído y seguirán carcomiendo, la dureza cristalina del ágata de la copa de Valencia desafía el paso del tiempo.

Estratos de tiempo petrificado

En el centro de una cruz expuesta en el centro de un museo situado en el centro de una ciudad casi en el mismísimo centro de Europa, existe una gema que conecta dos pasados —el clásico y el medieval— y dos imperios —el romano y el carolingio—.

Es posible que Aquisgrán —Aachen en alemán— no sea el destino turístico más codiciado de Europa; pese a ello, es una ciudad con más atractivos que muchas otras de mayor fama. Antigua capital del imperio de Carlomagno, su núcleo histórico

gira alrededor de la Capilla Palatina, actual catedral y centro espiritual del Sacro Imperio Romano
Germánico durante tanto tiempo. Ahora bien, si
los mosaicos del interior del templo refulgen con
sus destellos dorados, el brillo más cegador proviene del tesoro de la propia catedral, albergado en
un edificio cercano y verdadero cofre de las maravillas. La lista de prodigios puede llegar a abrumar
y varios de ellos están hipotéticamente relacionados con el emperador franco, como un olifante o
cuerno de caza de marfil en realidad egipcio y un
relicario gótico con un fragmento de su cráneo.
Pero hay un objeto que destaca por encima del resto: la Cruz de Lotario, la cual atrapa toda la atención como si sus dos brazos fueran líneas de fuga
de una perspectiva mística que atrajeran todas las
miradas. En realidad se trata de una pieza de orfebrería realizada cerca del año 1000 en el reinado de
Otón III y la atribución a Lotario proviene de un
sello de piedra verde con su nombre colocado en
la base de la cruz. Sin embargo, otra gema ubicada
justo en la intersección de los brazos es la verdadera protagonista. Porque contemplar esa joya es atisbar el rostro idealizado de alguien que cambió el
rumbo de la historia. Porque pese a estar rodeada
de amatistas, esmeraldas, granates, zafiros y perlas,

nada puede competir con esta obra maestra de la glíptica romana. Porque desde hace más de dos mil años, el perfil de Augusto está grabado en este camafeo de ágata.

En pocas ocasiones una técnica artística y un material se unen de manera tan íntima como en el caso de los mejores camafeos y las ágatas. Por camafeo entendemos cualquier piedra preciosa con alguna figura tallada en relieve, pero al emplear como soporte estas gemas, los resultados pueden ser soberbios. Por su parte, el ágata es una variedad especial de la calcedonia, a su vez un tipo de cuarzo compacto que no forma grandes cristales como sí hacen la amatista, el citrino o el propio cristal de roca. En este caso, la piedra se forma gracias al depósito de material en el interior de cavidades presentes en rocas volcánicas, proceso que dota a las ágatas de sus particulares bandas concéntricas, cuyos colores varían en función de la composición química del cuarzo. Pueden diferenciarse así multitud de variedades como el ónice —con capas blancas y negras—, el sardónice —blancas y ocres— o la cornalina —que combina el blanco y el rojo sangre—. En último lugar, el ágata se corta de manera longitudinal hasta lograr placas con bandas paralelas y se talla en profundidad. Así pueden lograrse efectos sorprendentes, con los rostros y los cuerpos más claros recortados en relieve sobre el fondo de una capa más oscura.

Aunque se considera que la técnica se desarrolló en el mundo helenístico, fueron los romanos quienes la llevaron hasta sus más altas cotas, con un momento álgido durante el reinado de Augusto. En manos de artistas como el famoso Dioscórides, las duras superficies de estas ágatas parecen combinar pintura y escultura en ejemplos como los «camafeos augusteos estatales». Hoy en día estas gemas protagonizan las colecciones de algunos de los museos más importantes del mundo, como el Kunsthistorisches de Viena —con las gemas Augustea y Claudia—, el British Museum de Londres —donde se conserva el Camafeo Blacas— o la Bibliothèque Nationale de France en París —que alberga el Gran Camafeo de Francia—.

La llegada de la Edad Media no supuso una merma en la atracción que estas piezas suscitaban. Si bien es cierto que las técnicas para su fabricación se habían perdido, la fascinación que eran capaces de generar no descendió ni un ápice. Es un error ver el milenio que conocemos como Medievo como una época oscura, monolítica en su retraso y alejada de lo clásico en su totalidad. Ya en 1960, el alemán Erwin Panofsky defendió en su libro *Renacimiento y renacimientos en el arte occidental* que la evolución de la cultura durante ese periodo no había sido lineal. En efecto, entre el fin de la Antigüedad y la llegada del Renacimiento hubo sucesivos momentos en los cuales lo clásico estuvo presente de manera evidente en el arte europeo. Ahí están el Imperio carolingio y su recuperación de la dignidad imperial, los reinados de Otón III y de Federico II Hohenstaufen o el *Trecento* italiano, con figuras tan relevantes como el pintor Giotto o los escultores de la familia Pisano. Y en todos esos momentos, los camafeos fueron prueba fehaciente de este fenómeno. Buscados y atesorados no solo por su belleza, sino como verdaderas reliquias, se les atribuían propiedades mágicas y protectoras. Además, servían como vínculo simbólico perfecto con esos tiempos antiguos en los que el ser humano quería verse reflejado para que algo de aquel brillo ancestral iluminara su época. Es por ello por lo que estas gemas talladas se reutilizaron en piezas de orfebrería tanto profanas como religiosas. Así las encontramos en coronas y cetros, pero también en relicarios como el de santa Fe en Conques, cálices y cruces como la de Lotario, la cual nos llevó hasta Aquisgrán. En ella el perfil de Augusto ejerce como nexo de unión entre los emperadores romanos y quienes encargaron la cruz mil años después; entre la Antigüedad pagana y la cristiandad germana; entre el pasado clásico y un presente medieval que ya es también nuestro pretérito imperfecto.

Pese a que todavía perdura la idea de una Edad Media uniforme en su oscuridad como si de un fragmento de azabache u obsidiana se tratara, la realidad dista mucho de esta imagen. Al igual que las capas traslúcidas y opacas de un camafeo, el milenio medieval fue una sucesión de etapas brillantes y otras más sombrías. Ni más ni menos que nuestro tiempo, con muchos cegados por un optimismo tecnológico y otros tantos obsesionados con un apocalipsis a la vuelta de la esquina. Quizás la piedra que represente de manera más fiel esas idas y venidas de la fortuna sea el ágata, tan común en su composición química, pero tan extraordinaria en su constitución física.

*

El hipotético grial de la catedral de Valencia no es el único que se conservaría en España. En la cole-

giata de San Isidoro de León se custodia el conocido como cáliz de doña Urraca, una copa románi-
ca del siglo XI que, desde hace unos años, quiere
ser vista como un nuevo santo grial. Más allá de
lo discutible de esta hipótesis, que numerosos investigadores y medievalistas ya han refutado por
inverosímil, no deja de ser insólito que el material
en el que está tallada la copa leonesa sea también
un tipo de ágata. Parece como si las vetas de esta
gema fueran verdaderas venas por las que pudiera
llegar a correr no ya el vino de aquella cena ni la
sangre de aquel cuerpo, sino la sustancia misma de
las leyendas.

Un olimpo de color y brillo

Zafiro

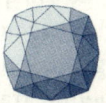

Del latín tardío sapphīrus, *y este del griego* σάπφειρος —sáppheiros—, *voz de origen quizás semítico o persa referida al lapislázuli*

«La experiencia de mirar un zafiro es como nadar en un estanque de agua tropical, como la iridiscencia del cuello de un pavo real, como el instante previo a que una tormenta se desate en las montañas».

VICTORIA FINLAY

«El mundo no está hecho de piedras, está hecho de vibración».

CARLO ROVELLI

Destellos asiáticos
bajo el suelo de Toledo

El peligro se acerca cada día que pasa y nada parece ser capaz de detenerlo. Las noticias que provienen del sur provocan angustia entre la población y ni siquiera los rezos pueden tranquilizar las almas y los espíritus. Hace ya tiempo que se sabe de la existencia de un gobernante extranjero que adora a un nuevo dios en la lejana Damasco, de la presencia de un ejército omeya al otro lado del mar y de la posibilidad de que esos hombres crucen desde África. Aun así, hasta este verano muchos no han querido ver el desastre que se avecina, la oscuridad que está a punto de abalanzarse sobre el venerable reino de los visigodos. Porque finalmente esos miles de hombres han decidido vadear el estrecho de Hércules. Porque el rey Roderico quizás ha muerto en el intento o quizás ha sido hecho prisionero, pero lo que es seguro es que no ha podido frenarlos. Porque al mando de dos extranjeros que se hacen llamar Táriq y Musa, esas huestes se aproximan a la capital como una ola que embiste sobre una playa sin nada que pueda contenerla. Ha llegado pues el momento de aceptar la rendición y preparar un futuro incierto. Ha llegado el día de esconder los tesoros para que los infieles no profanen las joyas sagradas y las reliquias que ha costado tanto reunir. Así se hace en las iglesias de Toledo, en la mismísima catedral y en decenas de monasterios, cenobios y ermitas. Cada uno esconde lo poco o mucho que posee: hay quien oculta apenas un cáliz de plata o una pequeña cruz de marfil, otros unas cuantas monedas o dos o tres relicarios con huesos de santos. Pero en algunos lugares hay mucho por guardar. Las riquezas toledanas son legendarias, e incluso hay quien dice que en una cueva bajo la ciudad se guardan la Mesa de Salomón y otras maravillas de tiempos bíblicos. Y apenas a unas millas de la capital, cerca de las vegas del gran río que la rodea, unos monjes deciden enterrar un tesoro sin igual; un tesoro que el ejército enemigo jamás hallará; un tesoro que aguardará oculto durante más de mil años hasta que la casualidad y el azar lo hagan aparecer de nuevo para volver a deslumbrarnos con su brillo.

El hoy conocido como tesoro de Guarrazar fue encontrado cerca de la localidad de Guadamur el 25 de agosto de 1858, y para que tal descubrimiento tuviera lugar debieron darse varias circunstancias. Fue una tormenta de verano acaecida un día antes la que acabó por remover la tierra que cubría el hallazgo. Y fue la necesidad la que hizo que Escolástica Morales Pérez, quien volvía de Toledo junto a su familia, se desviara del camino para aliviarse y hallara una urna antigua que llamó su atención. Al momento aparecieron sus padres, Francisco Morales y María Pérez, quienes desenterraron varias cruces y coronas votivas entre las que destacaba sobremanera la del rey Recesvinto, sin duda la mejor muestra de orfebrería visigoda conservada en toda Europa.

Formada en su parte central por un cilindro de oro constituido por dos piezas unidas por charnelas o bisagras metálicas, su exterior está calado, cincelado y repujado a partir de complejos patrones decorativos. El cilindro cuelga de cuatro cadenas que van a unirse en una pieza superior cuya forma recuerda a la de dos azucenas rematadas por un gran cristal de roca. De ahí pende otra larga cadena con una cruz, y, para completar el conjunto, del propio cilindro cuelgan veintidós letras que forman la frase latina «Reccesvinthus rex offeret» —El rey Recesvinto la ofreció—. Todos los elementos están fabricados en oro de extraordinaria pureza, pero lo que convierte a esta corona en una joya excepcional son sus gemas. De los cientos de granates que rellenaban los pequeños huecos de la filigrana, tan solo unos pocos se mantienen en su lugar, pero sí se conservan treinta grandes perlas que pespuntean el cilindro principal. Y, sin embargo, lo que más destaca cuando se admira esta corona en el Museo Arqueológico Nacional de Madrid es el azul de los más de cincuenta zafiros. Un azul a veces violáceo y en ocasiones celeste entreverado de nubosidades lechosas. Un azul que todavía nos sorprende más al saber que estas gemas provienen de la remota Sri Lanka, de la antigua Ceilán, de la mítica Serendip persa. Esa isla con forma de lágrima que se descuelga de la India de la misma manera que los zafiros se balancean bajo las letras del nombre de un rey visigodo que tuvo la fortuna de morir antes de que su reino desapareciera.

El comienzo
del reinado del azul

Aunque no todos los zafiros sean azules, es casi imposible separar este color de los simbolismos que posee la gema. Y aunque el cielo tampoco se nos muestre siempre de ese tono, también es muy difícil no relacionar ambos conceptos. Si a esto le sumamos que a lo largo y ancho del mundo los seres humanos han situado la morada de sus dioses en la bóveda celeste, la ecuación está completa. De esta forma, desde tiempos inmemoriales y en la práctica totalidad de las culturas, el azul del zafiro ha estado asociado a lo celeste y a todo un abanico de virtudes espirituales. Según el *Liber de Lapidibus*, el lapidario escrito alrededor del año 1100 por el obispo Marbodio, los zafiros solo debían ser llevados por los reyes, pues favorecían que Dios amase a quienes los lucían. Otros autores medievales afirmaron que si se observaban con atención aliviaban la angustia, hasta el punto de permitir la mismísima contemplación de los cielos. Incluso la alquimia los relacionó con el elemento aire. No es de extrañar, por tanto, que los zafiros aparezcan a menudo en joyas que acompañan a ángeles, serafines, arcángeles y otras criaturas espirituales, voladoras y etéreas.

Una enorme gema azul embellece el pecho del arcángel san Gabriel en la *Anunciación* del pintor flamenco Jan van Eyck, conservada en la Galería Nacional de Arte de Washington D. C., pero el artista da un protagonismo todavía mayor a los zafiros en otra de sus pinturas. Bajo otras bóvedas, en este caso las de ladrillo y piedra de la catedral gótica de San Bavón, en Gante, se conserva una de las obras más impresionantes del arte flamenco: el *Retablo de la Adoración del Cordero Místico*. Formado por veinte paneles de madera pintados al óleo, sus dimensiones lo convierten en uno de los mayores polípticos de su época: decenas de figuras bíblicas y personajes religiosos, paisajes tanto naturales como urbanos y reproducciones de relieves y esculturas pueblan su superficie, con una minuciosidad extrema y un colorido excepcional. Es en su parte exterior donde aparece de nuevo la escena de la Anunciación, y es en el pecho del arcángel donde refulge un gran zafiro rodeado por cuatro perlas. Y todavía más piedras azules atraen nuestra atención. Sobre la frente de san Gabriel, otra gema remata una diadema dorada, y, si seguimos la dirección de la mirada del mensajero divino, nos encontraremos con el rostro de María, cuyos cabellos están ceñidos por una cinta con una tercera piedra. Las miradas del arcángel y de la Virgen no se cruzan: son sus zafiros los que dialogan en una conversación azulada que colorea la escena con su luz espiritual.

Si estas gemas aparecen sobre la frente de ángeles y diosas, resulta lógico que también lo hagan en las joyas que mejor definen la dignidad real: las coronas. Al igual que la de Recesvinto, muchas otras lucen zafiros en lugares preeminentes, asociando así la figura de los monarcas y emperadores con la bóveda celeste y con la morada de los dioses, de cuya energía emanaba el poder que ellos aspiraban a representar.

En la Schatzkammer de Viena —la cámara del tesoro del Hofburg— se conservan dos de esas joyas: la corona del Sacro Imperio Romano Germánico y la del emperador de Austria. En la primera y más antigua de ellas, realizada en la segunda mitad del siglo X durante el reinado de Otón I, los zafiros dominan la placa frontal y la gran cruz. En la segunda, encargada por el emperador Rodolfo II en 1602, una enorme gema de intenso y profundo azul ultramar remata el conjunto, elevándose hacia las alturas como si quisiera escapar de nuestro mundo terrenal. Incluso en las joyas monárquicas más conocidas, las de la casa real británica, hay zafiros que destacan por su importancia histórica y gemológica. Cualquiera que visite la Torre de Londres podrá contemplar la corona imperial del Estado, sin duda la más conocida, fotografiada y reproducida, pues no en vano se utiliza en las coronaciones de los monarcas británicos y en las ceremonias de apertura del Parlamento. En ella destacan dos grandes zafiros: el Estuardo, situado en la parte trasera, y el de San Eduardo, colocado en el centro de la gran cruz que culmina la corona. El primero es enorme, de ciento cuatro quilates, mientras que el segundo es una piedra cuyos orígenes se pierden entre las brumas de la Edad Media. Según la tradición, perteneció al rey sajón Eduardo el Confesor y debió de estar presente durante su coronación en el año 1042, lo que la convierte en la más antigua de las gemas de la corona británica. El monarca fue enterrado con sus joyas, pero en 1269 otro rey, Enrique II, trasladó el cuerpo a una nueva sepultura y aprovechó para recuperar el zafiro, que desde entonces ha formado parte de sucesivas coronas hasta llegar a la que hoy se conserva.

Pocos meses después de que Eduardo el Confesor fuera enterrado en la antigua abadía de Westminster junto a su piedra azul, su sucesor era derrotado por el normando Guillermo el Conquistador en la batalla de Hastings, poniendo fin al dominio sajón de las islas británicas. Otra invasión más, otra conquista y otro ejército que cruza el mar para sembrar la destrucción. Mucho antes habían sido los omeyas provenientes de las abrasadoras dunas del desierto arábigo los que habían aniquilado el reino visigodo; ahora eran los antiguos vikingos, que habían descendido tiempo atrás desde las tierras heladas de Escandinavia, quienes hacían desaparecer otro reino e implantaban una nueva dinastía. Visigodos y sajones se desvanecieron, pero no los zafiros de Recesvinto y Eduardo el Confesor. Curiosas piedras celestes capaces de ocultarse durante siglos bajo tierra a la espera de volver a brillar.

Coreografías atómicas
o el porqué del color de los zafiros

He viajado a más ciudades que mis padres y a muchísimas más de lo que mis antepasados pudieron siquiera soñar, pero no me considero un gran viajero. No conozco Asia ni Sudamérica, de África apenas he estado en algunos países del Mediterráneo, y de toda Norteamérica tan solo en Nueva York y en San Luis. Y, sin embargo, durante unos minutos en octubre de 2003 estuve en un lugar muy concreto que muy poca gente ha visitado: el interior de un reactor nuclear. Contratado de manera temporal por una empresa de mantenimiento, solicité el permiso para poder acceder al reactor, por aquel entonces parado para realizar la recarga de combustible. El lugar era impresionante por muchos motivos, pero más allá de la abrumadora tecnología y de la sensación de estar en un espacio único, lo que más me impactó fue un brillo azulado muy especial, frío y abrasador al mismo tiempo. Un brillo comparable al de algunos zafiros y en este caso producido por el material radiactivo del reactor abierto al que yo me asomaba protegido por una capa de agua de varios metros de espesor. Un brillo conocido como efecto Cherenkov. Descubierto en Moscú en el año 1934 por el físico ruso Pável Cherenkov, este resplandor aparece cuando partículas atómicas cargadas eléctricamente se mueven por el agua a una velocidad mayor que la de la luz en ese mismo medio acuoso. En este caso se trata de los electrones que emite el uranio ya gastado, y quien es tan afortunado como para contemplar este destello tiene la sensación de poder ver la radiactividad con sus propios ojos.

Existen zafiros de muchos colores más allá del azul. Los hay violetas profundos, amarillos cítricos similares a topacios, verdosos como los peridotos o las esmeraldas, e incluso de un matiz muy buscado, a medio camino entre el rosa de los dedos de la aurora homérica y el naranja de la piel sedosa del albaricoque. Son los célebres zafiros *padparadscha*, muy escasos y cuyo nombre, de origen sánscrito, los relaciona con la tonalidad de la flor de loto, planta sagrada en muchas culturas de ese mismo Oriente de cuyo suelo brotan tantas gemas.

Sean del color que sean, los zafiros son, junto con los rubíes, variedades de un mismo mineral, el corindón, un óxido de aluminio transparente en estado puro. ¿De dónde provienen entonces sus colores característicos? De las impurezas provocadas por otros elementos químicos, que en el caso del azul de muchos zafiros son trazas de hierro y titanio entre las que se produce un fenómeno similar al efecto Cherenkov. Electrones libres de los iones de titanio saltan de manera constante a los de hierro, generando una energía que nuestros ojos y nuestro cerebro perciben como azul. En un reactor nuclear, los electrones del uranio radiactivo viajan libres en todas direcciones dejando tras de sí sus estelas azuladas en el agua. En el zafiro bailan entre los átomos de titanio y hierro, encerrados dentro de los límites del mineral y convirtiéndolo en un pedazo de mar congelado, en un fragmento de agua tropical cristalizada. En definitiva, y pese a la dureza aparente de la piedra, su color depende en realidad de un movimiento incesante. Casi siempre tenemos la sensación de que la materia es sólida, estática e impenetrable, pero la física cuántica demuestra que no lo es. De igual manera que los cuerpos celestes del macrocosmos no han cesado de moverse desde el comienzo del tiempo, en el mundo microcósmico de las partículas subatómicas el movimiento también es constante. Y del mismo modo que la coreografía astronómica es la responsable de que al día le siga la noche y a la primavera el verano, esta danza atómica en su interior es la que provoca que los zafiros sean azules.

*

Después de que Escolástica encontrara el tesoro, la historia de las coronas y joyas de Guarrazar se convirtió en una aventura con tintes policiacos, judiciales y políticos. Tras diversas vicisitudes y destrucciones, el conjunto fue vendido al Gobierno francés en 1859 y, pese al escándalo que esta venta produjo, las piezas permanecieron durante más de ochenta años en el Museo Cluny de París. Hubo que esperar a comienzos de la década de 1940 para que parte de las joyas volviera a España gracias al acuerdo entre la Francia colaboracionista pronazi del mariscal Pétain y el Gobierno franquista. Instigado por Heinrich Himmler, lugarteniente de Hitler, y a cambio de apoyo estratégico durante la Segunda Guerra Mundial, el régimen de Vichy devolvió obras como la *Dama de Elche*, la *Inmaculada de Soult* de Murillo y parte de las joyas de Guarrazar. Seis de las nueve coronas retornaron a España, entre ellas la de Recesvinto, junto con sus perlas y todos sus zafiros excepto uno. De manera sorprendente y sin que se sepa muy bien el porqué, en París decidieron conservar la inicial del nombre del monarca visigodo. De ese modo, de una solitaria «R» cuelga el último de los zafiros llegados desde Ceilán, el cual, después de más de ochenta años recluido en una vitrina a orillas del Sena, quizás añora volver a reunirse con sus compañeros de viaje.

Esmeralda

Del latín smaragdus, *que proviene a su vez
del griego* σμάραγδος *—smáragdos— y este
de la raíz semítica* bark, *literalmente
«brillar» o «centellear»*

«El poseer esta piedra no es poseer una piedra,
sino poseer en ella un tesoro abreviado».

FRAY LUIS DE LEÓN

Ojos verdes son traidores,
ojos verdes son traidores,
azules son mentireiros,
los negros y acastañados son firmes
y verdadeiros.

Muñeira tradicional

Brillos bizantinos
a orillas del Adriático

Al entrar en el templo, la atención de quienes allí están se dirige de manera irremediable hacia el altar. Es imposible fijarse en nada más, pese a las maravillas que los emperadores han hecho llevar hasta Rávena: capiteles de mármol y paneles de pórfido, lámparas del más fino cristal, tapices y colgaduras que embellecen la iglesia y la hacen digna de Constantinopla o de la antigua Roma de los césares. No obstante, todo ello queda eclipsado por el brillo que emana de la pareja imperial. Situados a ambos lados del altar, su presencia ilumina con hierática majestad la ceremonia de inauguración de la basílica de San Vital en este año de 547. A la derecha del Señor se coloca el emperador, junto con varios dignatarios eclesiásticos, generales e incluso el obispo Maximiano, quien de este modo se reserva un lugar en la historia. Enfrente aparece ella. Purpúrea y solemne, en nada inferior a él. Con un enorme cáliz en sus manos y rodeada de otras personalidades de la corte y sus doncellas, todas lujosamente vestidas y enjoyadas, recubiertas de bordados, de sedas de Oriente y de perlas de Arabia. Hasta el mismísimo Cristo palidece ante esta pareja a la que no parece afectarle ni las pestes que desde hace años asolan todo el Mediterráneo ni una decadencia que todo lo envuelve. Ellos reinan desde su pedestal dorado y en nada les atañen las penalidades ni las amenazas que al resto de los mortales mantienen en vela por las noches. Alabado sea el emperador Flavio Pedro Sabacio Justiniano; alabada sea la emperatriz Teodora, estrella de Oriente y faro del imperio.

Pese a lo recreado en las anteriores líneas, Justiniano y Teodora nunca estuvieron en Rávena. Ahora bien, desde un punto de vista simbólico, Justiniano y Teodora nunca han dejado de estar presentes en esa misma ciudad desde hace cerca de mil quinientos años. Tal es el insólito poder de algunas imágenes eternas como son los mosaicos que todavía decoran la zona del presbiterio de San Vital.

Al volver hace poco a Rávena, recordé las dos sensaciones que me asaltaron la primera vez que descubrí la basílica a finales del siglo pasado. Por un lado, la de verme atraído casi de forma magnética por la zona del altar, algo que comprenderá quien haya visitado el templo; por otro, la sorpresa ante la gama de colores que se me ofrecía. Obsesionado ya entonces con los mosaicos bizantinos de fondo dorado, esperaba quizás un fulgor metálico similar al de San Marcos de Venecia o al de la catedral siciliana de Monreale, pero San Vital me brindó una sensación diferente: descubría verdes allá donde mirara. Verde era la hierba sobre la que aparecía Cristo flanqueado por arcángeles y santos, así como muchas de las guirnaldas que serpenteaban entre capiteles, arcos y columnas; verdes eran los escudos de los soldados que protegían al emperador y algunos de los vestidos de las damas que seguían a la emperatriz; y también era verde un punto concreto del retrato de Teodora desde el que parecía emanar toda la luz que inundaba aquel espacio mágico. Sobre el pecho de esta mujer excepcional, cuyo recuerdo ha sobrevivido más de quince siglos, brillaba una enorme esmeralda rectangular engarzada en un marco de oro. Una joya que servía como representación en miniatura de toda la basílica y su simbolismo: verde mineral y dorado metálico; la vida terrenal y la fecundidad de la naturaleza fusionadas con la vida espiritual y la eternidad de la divinidad. Tal es el insólito poder de gemas extraordinarias como algunas esmeraldas.

La vida de Teodora estuvo muy lejos de la aparente calma del mosaico de Rávena. Las fuentes contemporáneas son contradictorias y han abonado el terreno para la leyenda, pero parece seguro que su biografía fue apasionante y poliédrica. Hija de un domador de osos, se dedicó al teatro y probablemente fue forzada a ejercer la prostitución durante su juventud. Viajó por el todavía enorme Imperio bizantino y conoció el norte de África y la Alejandría egipcia. Y volvió por fin a la capital para convertirse en esposa de Justiniano, un militar mucho mayor que ella que ya entonces era el heredero del trono. El momento clave de su trayectoria llegó durante los disturbios de Niká del año 532. Amenazado por miles de sublevados dispuestos a coronar a un nuevo gobernante después de haber arrasado buena parte de Constantinopla, Justiniano decidió huir. Teodora tenía otros planes. Se opuso a la voluntad del emperador y defendió ante su esposo y sus seguidores la necesidad de resistir y jamás abandonar el trono imperial, aun a riesgo de morir en el intento. Al poco tiempo, la revuelta había sido sofocada y los insurgentes asesinados con crueldad, con lo que la ciudad pudo comenzar una reconstrucción cuyo mayor emblema sería la reedificación de la Santa Sofía que ha llegado hasta nuestros días.

Años después y casi a la vez que en Rávena se culminaban los mosaicos, Teodora fallecía en Constantinopla, quizás de un cáncer de pecho. Es curioso que esta admirable mujer haya alcanzado la inmortalidad gracias, en parte, a una imagen conservada en una ciudad en la que nunca estuvo. Y es también asombroso que, sobre ese pecho con probabilidad ya enfermo, luzca desde entonces una esmeralda. Gema de significado ambiguo como pudo ser la personalidad de la propia Teodora, esta piedra nos recuerda con su simbolismo ambivalente las fuerzas opuestas que en ocasiones nos condicionan.

Verde obsesión

La fascinación por las esmeraldas hunde sus raíces en lo más profundo del tiempo, quizás debida a la atracción por su color. Ya Plinio el Viejo afirmaba que «no hay color más agradable […] porque, aunque la vista se fija hambrienta sobre la hierba y las hojas, lo hace con mayor gusto contemplando las esmeraldas». No debe por tanto extrañarnos que estas piedras preciosas se hayan buscado con pasión desde hace milenios.

Los egipcios comenzaron a extraerlas hace cerca de cuatro mil años de unos míticos yacimientos más tarde conocidos como «minas de Cleopatra», mientras que en la época romana también se explotaron los depósitos alpinos de Habachtal, en la actual Austria. Durante siglos, estas fueron las dos únicas fuentes conocidas por los historiadores, pero modernas investigaciones a partir del análisis de los isótopos de oxígeno han demostrado la existencia de un tercer origen para estas gemas históricas. Así, un equipo dirigido por el científico Gaston Giuliani ha comprobado que las esmeraldas engarzadas en un pendiente galorromano encontrado cerca de Lyon provienen del remoto valle del río Swat, en el norte de Pakistán. Que estas piedras recorrieran más de siete mil kilómetros demuestra que la avidez por las esmeraldas configuró rutas comerciales que colorearon de verde el mundo antiguo, y que los caminos por los que fluyeron estas gemas crearon un tejido mucho más tupido del que en ocasiones somos conscientes.

Como con tantas otras cosas, todo cambió con la llegada de los europeos a América. Impulsados por leyendas como la de El Dorado y ansiosos por encontrar riquezas sin parangón, los españoles horadaron el norte de los Andes hasta explotar las minas de Chivor y Muzo en 1545 y 1594. El impacto fue tremendo, pues nadie nunca había tenido en sus manos esmeraldas de un brillo, lustre y color como aquellas. Desde Nueva Granada, las gemas viajaron a todo el mundo, inundando de verdor colombiano no solo los tesoros españoles o europeos, sino también los de los grandes emperadores mogoles de la India o los sultanes otomanos de Estambul. De hecho, muchas esmeraldas indias que se consideraban antiguas e incluso relacionadas con el gran Iskander —Alejandro Magno— son en realidad piedras colombianas que surcaron el océano Pacífico en los galeones españoles que realizaban el extraordinario tornaviaje que unía los puertos de Acapulco y Manila.

Sin embargo, para encontrar esmeraldas de presuntos orígenes legendarios no hace falta viajar tan lejos: basta con salir a la calle, buscar un edificio oficial en el que ondee la bandera de España y observar con detenimiento su escudo heráldico. Ahí, en el centro de las armas del reino de Navarra —situadas en la parte inferior derecha del blasón— aparece una gema octogonal rodeada por unas cadenas doradas. Se trataría de la esmeralda de Miramamolín, sobrenombre por el que era conocido el emir almohade Muhámmad an-Násir, derrotado en la batalla de las Navas de Tolosa de 1212 por una coalición de ejércitos cristianos comandados por los reyes Alfonso VIII de Castilla, Pedro II de Aragón y Sancho VII de Navarra. Fue este último, apodado el Fuerte por su inusual altura, quien habría arrancado la piedra preciosa del mismísimo turbante del emir musulmán, llevándola consigo hasta su reino como botín de esta crucial batalla que frenó el avance del emirato almohade. Desde entonces se habría conservado en la Real Colegiata de Santa María de Roncesvalles, y también desde hace siglos decora el centro del escudo del antiguo reino de Navarra. Por desgracia, en este caso la realidad no supera a la ficción. Estudios recientes han demostrado que la esmeralda custodiada en Roncesvalles es casi con toda probabilidad de procedencia colombiana y que, por tanto, nunca brilló en el turbante de aquel emir que, derrotado y humillado entre las quebradas de Sierra Morena, murió poco tiempo después en su palacio real de Marrakech.

De las orillas del mar Rojo hasta los valles de los Alpes y desde las estribaciones nevadas del Hindukush hasta los bosques brumosos que bordean los Andes, las esmeraldas han viajado durante miles de años impulsadas por una de las energías más duraderas e inagotables: la codicia humana y su afán por poseer estas piedras, verdaderos destilados cristalinos de la selva y sus misterios.

Simbolismos ambiguos y cambiantes

Es posible que las esmeraldas sean las gemas más envueltas en mitos y supersticiones. Y es muy probable que estas múltiples leyendas estén relacionadas con el carácter ambivalente de su color. De hecho, del mismo modo que los antiguos tintes y pigmentos verdes eran químicamente inestables y cambiaban de manera drástica con el tiempo, los conceptos asociados a este color han sido también variables.

El verde es símbolo de regeneración y de la energía renovadora de la primavera que insufla nuevo brío en una naturaleza adormecida por el invierno. Mucho antes que el azul, era señal de la humedad necesaria para que la vida brotara de las entrañas de la tierra. Es por ello por lo que Osiris, dios egipcio del inframundo, pero también de la agricultura, suela representarse con su piel verde: es del subsuelo de donde las semillas adquieren la fuerza para germinar, brotar y fructificar. También para los romanos era un color activo y vitalista, como dejó escrito Varrón en el siglo I a. C. al afirmar que *viride est id quod habet vires,* lo que puede traducirse como que «verde es lo que tiene vigor». Fuerza y vigor no solo físicos, sino también espirituales, hasta el punto de relacionar el verde con la inmortalidad. Verde es el más allá que algunos textos del antiguo Egipto describen como un «campo de malaquita». Lo es el oasis del paraíso islámico, algo bastante lógico para una religión nacida entre las abrasadoras arenas del desierto. Y es también verde el santo grial en tradiciones cristianas en las que esta copa usada por Jesucristo en la última cena estaba tallada en una gigantesca esmeralda. De hecho, en el pequeño pero interesantísimo museo de la catedral de Génova se conserva el Sacro Catino, reliquia traída desde Tierra Santa por el comerciante y militar Guglielmo Embriaco tras la primera cruzada a comienzos del siglo XI. Se trata de un cuenco hexagonal que durante siglos fue considerado como el verdadero santo grial esculpido en una gran esmeralda y que, a día de hoy, poca gente considera como una auténtica reliquia de tiempos bíblicos y nadie como una gema real, puesto que es un plato de cristal de origen bizantino o islámico.

Lo que no ha perdido es un ardiente tono verde que atrapa la mirada de quien tiene la fortuna de pararse unos instantes frente a la vitrina donde se exhibe.

Ahora bien, el verde también ha sido asociado con potencias demoniacas, con los infiernos y con los seres que allí reinan y desde allí nos atormentan. Así aparece en la leyenda «Ojos verdes» de Bécquer, en la cual se narra la historia de un «espíritu, trasgo, demonio o mujer» cuya mirada esmeralda embruja al joven Fernando hasta ahogarlo en la fuente de los Álamos tras un «beso de nieve». Incluso se creía que el mismísimo Lucifer portaba en su frente una esmeralda que pasó a representar también la soberbia causante de la desgracia del más luminoso de los ángeles caídos. Pero la asociación que ha generado los simbolismos más negativos en el verde es la que lo relaciona con los reptiles. Es obvio que no todos estos animales son de ese color, pero también lo es que, tradicionalmente, se han imaginado muchas veces con ese tono. Y de los reptiles a todo tipo de entes malignos hay tan solo un paso. Las causas de la aversión generalizada que nos producen las serpientes o los lagartos hunden sus raíces en lo más profundo de nuestra psique y atienden a factores biológicos, antropológicos y culturales. No es por tanto de extrañar que fuera una serpiente la que incitó al pecado original de Adán y Eva en el paraíso terrenal. Como tampoco es sorprendente que san Miguel arcángel o san Jorge aparezcan luchando contra unas fuerzas satánicas encarnadas por un dragón de extrema fealdad y, muchas veces, de repugnante piel verdosa. Y resulta también lógico que, cuando en 1900 el artista *art nouveau* Alphonse Mucha creó una serie de cuatro pinturas dedicadas al rubí, la amatista, el topacio y la esmeralda, eligiera una amenazadora serpiente como compañía de la joven de intensos ojos verdes que personifica esta última gema.

Piedra de regeneración y de perdición, de lo celestial y de lo infernal, pocas gemas son capaces de ejemplificar mejor nuestras propias vidas llenas de luces y sombras, de brillos esmeraldinos y de oscuridades insondables.

*

Tal y como reza el título en español de la novela de Ernest Hemingway, durante la década de los años veinte del siglo pasado, «París era una fiesta». En 1925 y en una de esas veladas, coincidieron un músico estadounidense, un aristócrata siciliano y una diseñadora de moda francesa. El primero, Cole Porter, era ya amigo del segundo, el duque Fulco di Verdura, y aprovechó la ocasión para presentarle a la tercera en cuestión: Coco Chanel. Al poco tiempo, el italiano se convirtió en un fiel colaborador de la diseñadora y en jefe de su departamento de joyería. Poco después descubrieron juntos Rávena y, tras la visita e inspirado en aquellos mosaicos bizantinos, el aristócrata creó unos brazaletes que revolucionaron la joyería del periodo de entreguerras. En 2014 se lanzó una edición conmemorativa llamada Theodora en la que destaca el resplandor selvático de varias esmeraldas. Es evidente que hay nombres y gemas capaces de invocar hechizos inmortales que superan las barreras del tiempo.

Rubí

Del castellano antiguo rubín, *a su vez del latín* rubīnus, *y este de* rubeus, *que significa «rojo»*

«Durante milenios, el rojo ha sido el único color digno de ese nombre, el único color verdadero».

MICHEL PASTOUREAU

Manos que vais enjoyadas
del rubí de mi deseo,
la perla de mi tristeza,
y el diamante de mi beso.

DELMIRA AGUSTINI

La negra historia
de una piedra roja

El verano de 2021 fue un buen momento para viajar. El mundo todavía se recuperaba del impacto de la pandemia, se abrieron las fronteras y ya se intuía el final de la pesadilla, aunque todavía había países aislados y el turismo internacional se encontraba bajo mínimos, con una ausencia casi total de visitantes asiáticos. Animado por esta coyuntura decidí conocer una región que, en otras circunstancias, quizás habría evitado: el valle del Loira. Los castillos de Chambord, Villandry o Chenonceau atraen a millones de turistas cada año, y lo mismo puede decirse de ciudades como Tours o Blois, pero en aquel agosto pude incluso encontrar momentos de soledad. Pasé unos días envuelto en el encanto de las riberas de aquel río, disfrutando de fabulosos edificios y soportando también la incomodidad de las mascarillas y de las periódicas pruebas diagnósticas a las que obligaba el Gobierno francés. Jamás olvidaré las vidrieras de la catedral de Tours, los jardines geométricos de Villandry o un baño fluvial al atardecer frente al perfil del pequeño pueblo de Candes-Saint-Martin, pero la mayor sorpresa me esperaba justo al final de aquel recorrido. Si soy sincero, la visita a Angers nunca fue una prioridad y tan solo reservé unas pocas horas. Craso error, pues las imponentes murallas de su castillo esconden uno de los mayores tesoros de la Edad Media: el Tapiz del Apocalipsis. Conservada en un pequeño y moderno museo construido exprofeso, esta extraordinaria pieza fue encargada alrededor de 1375 por Luis I, duque de Anjou y hermano del rey Carlos V de Francia. Miembro de una estirpe de grandes mecenas —otro de sus hermanos fue el comitente de *Las muy ricas horas del duque de Berry,* uno de los más fastuosos manuscritos góticos—, Luis I confió esta obra a los mejores artistas del momento. A partir de diseños del pintor Jean Bondol y con la participación de los talleres de Nicolas Bataille, las noventa composiciones que ilustraban el Apocalipsis de san Juan se extendían a lo largo de ciento cuarenta metros. Tras numerosas vicisitudes se ha perdido cerca de un tercio del tapiz, lo que no impide que sea el más largo de los que han llegado hasta nosotros. Y, por fortuna, en una de las escenas conservadas me esperaba un pequeño fragmento de tela roja que, por aquel entonces, no sabía que acabaría apareciendo en estas páginas.

Cerca de la mitad del recorrido y sobre un intenso fondo azul aparecen unos jinetes atacando a un grupo de personas. Se trata de la representación del ejército convocado al sonar la sexta trompeta apocalíptica, un ejército que tenía como misión exterminar a la tercera parte de la humanidad. Ahora bien, sus trajes y armas nos remiten a un mundo por completo medieval, pues los artistas que idearon el tapiz ambientaron algunos de los episodios con vestiduras y arquitecturas de su época. Es por ello por lo que, para representar a estas milicias, decidieran inspirarse en otro apocalipsis que llevaba décadas arrasando el corazón de Europa —la guerra de los Cien Años entre Francia e Inglaterra— y en algunos de sus personajes —el mismísimo rey inglés Eduardo III y su heredero, verdaderos villanos de esta historia—. De ese modo, desde la frente de uno de los jinetes nos saluda una gema roja cuya fama nos ha llegado asociada a uno de los protagonistas de aquellos tiempos: el rubí de Eduardo de Woodstock, más conocido como el rubí del Príncipe Negro.

Nacido a finales de la primavera de 1330 en el palacio real de Woodstock, al norte de Oxford, Eduardo fue un destacado militar que logró vencer a los franceses en las decisivas batallas de Crécy y Poitiers, lo que explica su presencia en el tapiz de Angers como miembro del ejército apocalíptico. Fundador de la caballeresca Orden de la Jarretera y príncipe de Gales desde 1343, su vida estuvo plagada de viajes, batallas y episodios memorables en el actual territorio francés, si bien la piedra preciosa que aquí lo ha convocado tiene un origen diferente.

Con unas dimensiones desacostumbradas, la gema preside desde el año 1838 la corona imperial del Estado, por lo que ha protagonizado la coronación de los últimos monarcas británicos. Sin embargo, su nombre no está relacionado ni con la reina Victoria ni con tantos otros reyes y reinas que la han lucido, sino con este Príncipe Negro, quien la recibió de Pedro I de Castilla. Parece seguro que el rey castellano regaló la piedra al heredero inglés en 1367 tras la victoria en la batalla de Nájera contra las tropas de Enrique de Trastámara, pero su procedencia queda envuelta en el misterio. Como con tantas otras gemas medievales, la leyenda la asocia con el mundo musulmán, pues habría formado parte del ajuar de Muhammed VI, sultán nazarí de Granada también conocido como «el rey Bermejo». Su origen estaría por tanto en la ciudadela de la Alhambra, cuyo sobrenombre significa exactamente «la roja», como la propia gema o el apodo del sultán. Según esta explicación, el rey de Castilla se la habría robado a Muhammed VI durante la guerra civil que enfrentó a varios aspirantes al trono nazarí a mediados del siglo XIV, para más tarde ofrecérsela a Eduardo. De Granada a Castilla y de ahí a Inglaterra, otra piedra viajera es convocada a estas páginas. Recientes investigaciones contradicen esta historia al situar el rubí en la propia Nájera desde el siglo IX, pero sus orígenes seguirían siendo con probabilidad musulmanes, aunque mucho más antiguos. Así, habría llegado a la ciudad riojana a través de contactos con el califato de Córdoba en tiempos de Abderramán III. El cómo y cuándo apareció en la capital omeya sí que es imposible de determinar, pero es probable que su estirpe se remonte hasta la remota provincia afgana de Badajshán, cuna de materiales tan preciosos como el lapislázuli, las esmeraldas o los propios rubíes.

Para su desgracia, la joya no fue lo único que Eduardo de Woodstock se llevó de Castilla. El Príncipe Negro falleció con cuarenta y cinco años en 1376, tras una década luchando contra una enfermedad que contrajo durante su campaña en apoyo de Pedro I. Después de su muerte, la gema pasó a ser propiedad de la casa real inglesa y su historia siguió entrelazada con la de sucesivas batallas y contiendas. En 1415 Enrique V la lució en su diadema durante la batalla de Azincourt, donde, siempre según la leyenda, le habría salvado la vida al parar un golpe que de otro modo habría sido letal. Setenta años después, el shakespeariano Ricardo III no tuvo tanta suerte: pese a portarla como talismán incrustada en su yelmo, este rey inglés no sobrevivió a la batalla de Bosworth, tras la que ascendería al trono la nueva dinastía Tudor.

Enfrentamientos, combates y masacres parecen acompañar a esta piedra. Ya sea la guerra de los Cien Años, la de las Dos Rosas o el apocalipsis representado en el tapiz de Angers, en todas aparece, como si su color marcara su destino. Rojo bélico, rojo colérico e iracundo; rojo de guerra, rojo de violencia y de sangre.

Rojos simbólicos
y símbolos de sangre

No hay color más color que el rojo, gema más roja que el rubí, ni elemento químico más relacionado con los colores que el que da su tonalidad a esta piedra preciosa.

Como ya hemos visto, el rubí es una variedad del corindón, mineral transparente en estado puro que adquiere diferentes tonos a partir de las impurezas que posea. Si en el zafiro eran partículas de hierro y titanio las que le otorgaban su típico azul, en este caso es otro elemento químico muy especial el que tinta al corindón: el cromo. Nadie había oído hablar de este elemento hasta que el químico francés Louis-Nicolas Vauquelin lo aisló y nombró en 1797 a partir de una muestra de crocoíta —mineral anaranjado cuyo nombre proviene de *krokos*, «azafrán» en griego—. Lo que también descubrió Vauquelin es que las sales de cromo presentan una gran variedad de tonos y una enorme capacidad colorante, por lo que decidió denominar al nuevo elemento a partir de *chrōma*, la palabra griega para «color».

Desde un punto de vista etimológico, el término por el que se conoce a esta gema en buena parte del mundo proviene del término latino *rubeus*, cuyo significado es precisamente «rojo». De *rubeus* proviene no solo rubí, sino también rubor, ruborizarse y rubicundo, e incluso el nombre del río italiano Rubicón, cuyas arcillas rojizas teñían sus orillas. Que

Julio César diera comienzo a un periodo de guerra civil e intensos conflictos al cruzarlo junto a su ejército viene a confirmar la íntima relación entre el rojo y la guerra, entre este color y la violencia.

Por último, y según el historiador francés Michel Pastoureau, es muy posible que el rojo fuera el primer color en ser nombrado, y de ahí su extraordinaria potencia simbólica, muy superior a la de cualquier otro. Incluso en lenguas como el español, los términos *rojo* y *color* parecen poder intercambiarse en ocasiones —no hay más que ver la palabra *colorado*—, mientras que en otras como el ruso, rojo es sinónimo de «bello» —por lo que la Plaza Roja de Moscú sería tanto la «plaza roja» como la «bella plaza»—.

Ahora bien, si hay dos conceptos con los que el rojo se ha relacionado desde antiguo y de los cuales ha extraído sus numerosos simbolismos, estos son la sangre y el fuego. Lo interesante es que ambos pueden ser a la vez símbolo de vida y de muerte, de creación y de destrucción, y lo mismo les ocurrirá al rojo y a los rubíes.

El control del fuego fue clave en el desarrollo de nuestros antepasados. Sin él, las noches habrían sido más oscuras y largas, la defensa frente a los depredadores más difícil y el cocinado de alimentos casi imposible. Pero también puede ser devastador si se descontrola, como ocurrió en algunas de las mayores catástrofes de la historia como los incendios de Roma en el año 64, Edo en 1675, Londres en 1666 o Chicago en 1871. Es por tanto normal que, al imaginar las calamidades del infierno, el cristianismo recurriera a la idea de fuegos perpetuos entre los cuales las almas pecadoras se consumían y abrasaban. Y tampoco es sorprendente que en multitud de imágenes de esos avernos aparezcan demonios y diablos con la piel roja, como si de llameantes monstruos se tratara.

Pero es la sangre la que ha marcado el simbolismo de los rubíes incluso más que el fuego. Mucho antes de que se comprendiera el funcionamiento del sistema circulatorio, el ser humano entendió la importancia de este fluido. Energía esencial y líquido básico para la existencia, su color simbólico se asoció a multitud de significados positivos: el vigor y la energía generadora; la fuerza y el poder de héroes y gobernantes; el impulso erótico y la atracción sexual. Todos ellos eran rojos; la vida, al fin y al cabo, era roja, como también lo era el brillo de estas gemas. De ahí proviene la costumbre ancestral de cubrirse el cuerpo con pintura escarlata o de enterrar a los muertos rodeados de objetos funerarios muchas veces de ese mismo color. Y también vienen de allí las múltiples propiedades casi mágicas que se han atribuido a los rubíes. Según los lapidarios medievales, estas piedras eran capaces de calentar el cuerpo, estimular el ardor sexual y vigorizar la mente. Incluso podían brillar en la oscuridad como verdaderas brasas, asociándose a la figura de Cristo, quien con su venida iluminó a la humanidad. Así lo vemos en el *Cristo bendiciendo* del salmantino Fernando Gallego, pintado alrededor de 1495 y conservado en el Museo del Prado. Acompañado del tetramorfos —las representaciones simbólicas de los cuatro evangelistas— y de las alegorías de la Iglesia triunfante y la Sinagoga vencida, la figura del Salvador aparece cubierta de vestiduras rojas y con una enorme joya del mismo color sobre su pecho.

La sangre es vida, pero perderla significa la muerte, por lo que el rojo de los rubíes es también símbolo de violencia y sufrimiento. Incluso una de las tallas más comunes en estas gemas, la que le da forma de gota, nos remite de nuevo a esta idea.

Las pinturas en las que aparecen estas verdaderas lágrimas sangrantes son numerosas y pueden encontrarse en casi cualquier estilo y periodo artísticos. Para descubrir uno de los ejemplos más interesantes no hay más que acudir a una de las salas más especiales del Museo del Prado: la dedicada a la pintura flamenca del siglo XV. No se trata de la zona más visitada de un museo repleto de obras maestras, pero, entre tablas de Robert Campin o Dirk Bouts, brilla una de las cumbres de la pinacoteca: *El Descendimiento* de Rogier van der Weyden. Sobre un fondo dorado destacan hasta diez monumentales figuras vestidas con lujosos y ricos ropajes, exceptuando, como es lógico, el cadáver de Cristo. El pintor se recreó en representar con un detalle impresionante las texturas de los objetos y los tejidos, las lágrimas que corren por las mejillas, los diferentes tonos de piel de los protagonistas o las plantas que completan el primer plano. Ahora bien, solo uno de los personajes porta joyas: Nicodemo, rico miembro del sanedrín judío a quien la iconografía cristiana coloca a veces en esta escena sujetando el cuerpo de Cristo —otro famoso caso similar es el de la *Piedad Bandini* de Miguel Ángel conservada en el Museo dell'Opera del Duomo de Florencia—. ¿Y qué gemas lleva Nicodemo engastadas en la cenefa de su traje? Perlas blancas de pureza, zafiros azules aludiendo a la naturaleza celestial de Jesús y rubíes que simbolizan su sacrificio. Gemas rojas que dialogan visualmente con las cercanas heridas abiertas en el cuerpo del Crucificado; sangre que gotea sobre la pálida piel del difunto junto al fulgor escarlata de estas piedras de amor y de odio, de vida y de muerte.

*

El rubí del Príncipe Negro no es un rubí. Conocido en ocasiones como «el gran impostor», es en realidad una espinela, un óxido de magnesio y aluminio que nada tiene que ver con el corindón más allá de su color y una dureza similar. Sin embargo, durante siglos ambas piedras fueron confundidas y denominadas como rubíes en virtud del rojo de su brillo. No fue hasta la segunda mitad del siglo XIX cuando, gracias a modernas técnicas de análisis cristalográfico, pudieron diferenciarse por la manera en la que refractan la luz. Nada de ello ha dañado su fama y su prestigio, hasta el punto de mantener un lugar de privilegio en la corona imperial británica por encima de una gema célebre como el diamante Cullinan II. Al fin y al cabo, el valor de un objeto puede estar relacionado no tanto con su material o su precio, sino con las historias que es capaz de evocar, con los sueños que es capaz de provocar. Y esta gema de remotos orígenes musulmanes lleva suscitando pasiones desde que, en tiempos medievales, decidió sobre la vida y la muerte de aquellos monarcas ingleses que la lucieron con orgullo.

La irresistible transparencia
de su brillante majestad

Diamante

Del latín vulgar diamantis, *alteración del
latín* adămantis *y este del griego* ἀδάμας
—adámas—, *invencible, indomable e
inconquistable*

«Hay tres cosas extremadamente duras: el ace-
ro, un diamante y conocerse a uno mismo».
BENJAMIN FRANKLIN

Todo es hermoso y constante,
todo es música y razón,
y todo, como el diamante,
antes que luz es carbón.

JOSÉ MARTÍ

Destacados miembros
de un linaje legendario

¿Qué decir del diamante que no haya sido ya dicho? ¿Cómo aportar una nueva faceta al análisis de la más preciosa de entre todas las piedras preciosas? Si la perla es la reina de la literatura de las gemas, el diamante resplandece en el mundo de las leyendas y, sobre todo, de los maleficios y las maldiciones. Tanto es así que muchos de ellos han recibido nombres propios a lo largo de los siglos, como si fueran verdaderos seres vivientes con voluntad propia. Entre esta «familia real adamantina» destacan gemas de antiguo abolengo y penetrante color como el Estanque o el Verde de Dresde. El primero era un diamante de intenso azul oscuro que formó parte del «joyel rico de los Austrias». Esta joya, una de las más ilustres de la historia, fue encargada por Felipe II a mediados del XVI al unir el Estanque con la todavía más célebre perla Peregrina. Lucido por reinas e infantas españolas, este diamante brilla desde su oscuridad azulada en retratos como el que realizó Velázquez a la reina Margarita de Austria en 1635 conservado en el Museo del Prado. Por su parte, el Verde de Dresde, con forma de gota y de un luminoso tono esmeraldino, pertenece desde 1742 al Electorado de Sajonia. Junto con otras piezas de joyería excepcionales, se expone en la Grünes Gewölbe o Bóveda Verde del Palacio de Dresde, ciudad que bien merece una visita gracias a su convulso pasado y a sus numerosos alicientes artísticos. También tiene una larga historia el Koh-i-Noor —«montaña de luz» en persa—, el cual perteneció a gobernantes hindúes, persas y mogoles hasta terminar en manos de la reina Victoria a mediados del XIX. Y algo similar ocurre con el Regente, de parecidos orígenes orientales. Esta piedra fue vendida por el comerciante británico Thomas Pitt al regente de Francia Felipe II de Orleans en 1717 y, antes de ser expuesta en el Museo del Louvre, pasó por las coronas de Luis XV y Luis XVI, por un sombrero de María Antonieta e incluso por la empuñadura de la espada imperial de Napoleón. No es de extrañar que el desgraciado final de la cabeza de alguno de estos personajes y de todas sus vidas alimentara la creencia de que la gema estaba maldita.

También arrastraría una teórica maldición uno de los diamantes más literarios y de más sugestiva biografía: el Hope. De un brillante azul celeste y hoy en el Smithsonian Museum de Washington, en sus casi cuatro siglos de historia se suceden episodios novelescos. Desde su descubrimiento en las legendarias minas de Golconda y hasta el siglo XVIII, atrajo a comerciantes como Jean-Baptiste Tavernier, monarcas como el francés Luis XIV o el británico Jorge IV, robos, desapariciones y probables modificaciones. Durante los últimos doscientos años encontramos propietarios como el banquero y coleccionista Thomas Hope —quien le dio el nombre—, los joyeros Cartier —quienes inventaron la leyenda de la maldición como campaña publicitaria—, la riquísima heredera Evalyn Walsh McLean —quien lo lució en innumerables fiestas de la alta sociedad estadounidense— y, por fin, Harry Winston. Fue este joyero neoyorquino quien lo compró dos años después de la muerte de su última poseedora para donarlo definitivamente al Smithsonian en 1958.

Por último, mucho más reciente es una de las estirpes más ilustres: la de los diamantes Cullinan. Fue el miércoles 25 de enero de 1905 cuando se encontró el diamante en bruto de mayor tamaño del que se tiene noticia. Conocido por el nombre de sir Thomas Cullinan, propietario de la mina en la que se halló la gema, pesaba 3106 quilates —el equivalente a 621,2 gramos—, y fue entregado poco tiempo después al monarca británico

Eduardo VII, quien encargó su talla al neerlandés Joseph Asscher. Miembro de una de las más importantes familias de tallistas e inventor de algunas de las tallas más conocidas e imitadas, este artesano dividió la piedra en nueve grandes fragmentos y otros noventa y seis más pequeños. Gracias al extraordinario tamaño del mineral en bruto, Asscher pudo obtener dos de los más fabulosos diamantes jamás tallados: el Cullinan I —conocido como la «Gran Estrella de África» y hoy en el cetro imperial británico— y el Cullinan II —engarzado bajo el rubí del Príncipe Negro en la corona imperial del Estado—.

Transparentes como el agua más limpia; azulados, verdosos e incluso rosados y amarillos; capaces de multiplicar la luz gracias a sus numerosas facetas y de acoger las más variadas leyendas y supersticiones, todos estos diamantes, en apariencia tan distintos entre sí, comparten una característica sorprendente: su extraordinaria sencillez química.

Elogio de la simplicidad

El resto de las piedras preciosas por cuyas historias hemos viajado en estas páginas son tesoros naturales surgidos de la sabia combinación de diferentes elementos. Todos los tipos de cuarzo son óxidos de silicio que corresponden a la fórmula SiO_2. Tanto los rubíes como los zafiros son variedades del óxido de aluminio conocido como corindón —Al_2O_3—, mientras que las esmeraldas son ciclosilicatos de berilio y aluminio cuya expresión química es todavía más compleja: $Be_3Al_2(SiO_3)_6$. Frente a ellos, la fórmula del diamante deslumbra por su pasmosa pureza: C. Un único elemento, el carbono; un mismo átomo con seis protones e igual número atómico; un solo componente frente a los múltiples de otras gemas. No obstante, no acaba aquí su singularidad, pues comparte composición química con otro mineral de características opuestas: el grafito. Oscuro, quebradizo y blando, el grafito recibe su nombre del griego *graphé* —«escritura»—, pues se ha usado desde antiguo para fabricar las minas de los lápices. ¿Cómo es posible que un único elemento químico sea capaz de conformar dos materiales tan opuestos? ¿Dónde se esconde el secreto del diamante? La respuesta se encuentra en las profundidades de la Tierra.

A cientos de kilómetros bajo nuestros pies se sitúa la capa geológica conocida como manto. Fue únicamente ahí, en condiciones de temperaturas altísimas y presiones extremas, donde el carbono cristalizó hace millones de años con estructura cúbica, dando lugar a los diamantes. Por su parte, y cuando las circunstancias fueron diferentes, el mismo elemento se configuró con forma hexagonal y apareció el más común grafito. Mucho más tarde, los diamantes fueron arrastrados desde esas profundidades abismales por violentas erupciones volcánicas y emergieron así en la superficie terrestre, envueltos en rocas como la kimberlita y la lamproíta.

Es su estructura cristalina la que hace del diamante una sustancia extraordinaria. Gracias a ella posee una dureza excepcional —con una graduación de 10, la más alta en la escala de Mohs—, lo que provoca que no pueda ser rayado por ningún otro material y que solo otros diamantes puedan pulirlo y tallarlo. La rigidez de su organización atómica es también la responsable de la proverbial transparencia de muchos de ellos, pues las impurezas que presentan otras gemas son más difíciles de encontrar. De hecho, cerca del noventa por ciento de los diamantes son incoloros y tan solo algunos ofrecen tonos azules —por la presencia de boro—, amarillos —con trazas de nitrógeno—, rojizos, negros o verdes —cuyo color proviene de la exposición a la radiación natural—. Dureza y transparencia como características fundamentales; resistencia y diafanidad en la misma piedra. Con estos ingredientes, no es extraño que los diamantes se convirtieran en la más apreciada de todas las gemas.

En 1954, el rumano Mircea Eliade publicaba *Herreros y alquimistas*, un texto clave para comprender los mitos relacionados con la minería, la metalurgia y, lo que nos es más interesante, la formación de los minerales. Tras analizar decenas de culturas, este historiador de las religiones llegó a la conclusión de que existen leyendas comunes que consideran a las rocas como si de seres vivos se tratara. De ese modo, en el interior de las cavernas y las minas se produciría un proceso de constante metamorfosis geológica: los metales y las piedras evolucionarían a lo largo de inmensos periodos de tiempo desde etapas inferiores de la materia hasta estados superiores y cada vez más cercanos a la perfección. ¿Cuál era el objetivo al que se aproximaban poco a poco los metales? El brillante e insuperable oro al que desde siempre aspiraron los alquimistas. ¿Y el modelo ideal de las gemas? El duro y perfecto diamante. Así consta en el texto indio del *Jawâhirnâmeh* o *Libro de las piedras preciosas*, en el cual se define al cuarzo cristal de roca como *kaccha* —imperfecto e inmaduro— y al diamante como *pakka* —perfecto y maduro—. Y también abunda en la idea el orfebre y ceramista francés del siglo XVI Bernard Palissy al afirmar que «como todos los frutos de la tierra, los minerales tienen un color distinto en su madurez al de sus comienzos», siendo la transparencia del diamante imagen de su desarrollo completo.

Los simbolismos asociados a esta piedra a lo largo y ancho del mundo son en buena lógica muy positivos. En la India se emplea la palabra *vajra* tanto para definir a la gema como para referirse al rayo, y, como el relámpago celeste, el diamante es capaz de ahuyentar los terrores de la noche, los espíritus malignos y los fantasmas. También en el subcontinente indio aparece su relación con Buda, pues el trono en el que el príncipe Siddharta Gautama alcanzó la iluminación bajo el árbol Bodhi estaba tallado en un enorme diamante. Para Platón, el eje del mundo era del mismo material, y según

Plinio el Viejo, la piedra era signo de inmortalidad y el antídoto perfecto frente a cualquier veneno. En la antigua Roma se asociaba con la pureza y la armonía, y durante la Edad Media fue emblema de reconciliación, acuerdo y entendimiento. Y es justo este simbolismo más moderno el que ha condicionado los últimos años de vida de la gema.

La piedra eterna

Accedamos desde el sur por la Rue de Castiglione o desde el norte por la Rue de la Paix, la Place Vendôme de París sorprende por su perfección formal. Diseñada a finales del siglo XVII por el gran arquitecto Jules Hardouin-Mansart —autor de otras obras fundamentales en París y Versalles como los Inválidos, la Galería de los Espejos, la Orangerie o la Capilla Real—, la plaza ofrece una composición simétrica y equilibrada como corresponde a la interpretación francesa del Barroco. Desde 1810 la domina la Columna Vendôme, erigida por orden de Napoleón a imitación de la Columna Trajana de Roma, destruida en 1870 durante la Comuna y reconstruida poco después. Y a partir de 1893 se convierte en uno de los centros mundiales de la joyería de alta gama, motivo que nos conduce hasta ella. Ese año, Fréderic Boucheron decide establecerse en el número 26 de la plaza para diferenciarse del resto de los joyeros parisinos, muchos de ellos situados en la cercana Rue de la Paix. Poco tiempo después se inaugura el hotel Ritz y, con el paso de los años, decenas de firmas abren sucesivas tiendas: Van Cleef & Arpels, Chaumet, Chanel, Chopard, Dior o Cartier, entre otras. Con el lujo llegaron los diamantes y, pese a que esta gema se emplea en cualquier tipo de joya, la plaza se vio inundada de una muy especial cuya historia merece ser contada con detalle: el anillo de compromiso.

Como todos los buenos relatos, este también posee todos los ingredientes para hacerlo apasionante. Aparecerán aquí unos orígenes envueltos en un velo de misterio, un retrato póstumo colgado en los muros de un famoso museo, personajes secundarios que juegan un papel capital y algún que otro villano.

La sala XVI del primer piso del Kunsthistorisches Museum de Viena está dedicada a la pintura flamenca y renacentista alemana. Allí, entre obras de Van Eyck, Altdorfer, Cranach o Durero, cuelga un retrato grupal de un artista mucho menos conocido: *La familia del emperador Maximiliano I* de Bernhard Strigel. Pintado en 1515, en la tabla aparecen el citado gobernante junto a parte de su descendencia masculina: su hijo Felipe el Hermoso, sus nietos y futuros emperadores Carlos V y Fernando I, y el pequeño Luis, heredero de los reinos de Hungría y Bohemia. Sin embargo, quien nos interesa es la única figura femenina de la escena. Fallecida más de treinta años antes de que se pintara el retrato, María de Borgoña fue la primera esposa de Maximiliano y, si nos fijamos en su mano izquierda, descubriremos el detalle que da origen a esta historia: un anillo dorado con una pequeña gema puntiaguda y transparente.

Según la tradición, el primer anillo de compromiso adornado con un diamante fue el que Maximiliano le regaló a María cuando en 1477 se acordó su enlace. Hacía tiempo que los anillos eran usados como símbolo del pacto que todo matrimonio conlleva, pero los diamantes no se utilizaban de manera habitual en este tipo de joyas. Para entender el porqué, hay que tener en cuenta dos factores: la escasez de las gemas —que por aquel tiempo tan solo provenían de la entonces remota India— y la dureza de las piedras —pues su resistencia extrema las hacía casi imposibles de tallar—.

De hecho, durante mucho tiempo los diamantes fueron apenas pulidos y se engarzaban en su aspecto natural en forma de octaedros, como puede que fuera el caso del de María de Borgoña. Para su desgracia, esta madre de reyes y abuela de emperadores no pudo disfrutar demasiado tiempo de su, quizás idealizada, historia de amor con su joven esposo. Amante de la cetrería y la caza, a finales del invierno de 1482 María tuvo un accidente durante una montería cerca del castillo belga de Winendaele, falleciendo pocos días después. Como en tantas otras ocasiones, las teóricas propiedades protectoras del diamante de su anillo no pudieron alejarla de un final que le llegó demasiado pronto.

A pesar de estos orígenes tardomedievales, el momento del triunfo universal de los diamantes como piedra de compromiso tuvo que esperar más de cuatrocientos años. Entre los siglos XVI y XIX hubo otras gemas que gozaron de mayor popularidad, de nuevo por las razones antes apuntadas. Por un lado, la escasez seguía siendo proverbial. De hecho, pese a que en 1725 se descubrieron yacimientos en Brasil justo cuando las minas de la India parecían agotarse, no fue hasta mediados del siglo XIX cuando la producción mundial dio un giro inesperado. En 1867, un joven de quince años llamado Erasmus Jacobs encontró el primer diamante sudafricano, el Eureka, lo que marcó un antes y un después. Al poco tiempo se descubrió que la kimberlita era la roca «madre» en la que había que buscar los diamantes y se desató una verdadera fiebre en el extremo meridional del continente africano. El cómo algunas empresas como De Beers monopolizaron buena parte del comercio mundial, actuando como de si de cárteles se tratara, es una historia apasionante, pero que excede las posibilidades de este libro. Y lo mismo ocurre con el fenómeno de los diamantes «de sangre» o diamantes «de conflicto», que suponen todavía alrededor del cinco por ciento del volumen total y siguen provocando incontables sufrimientos y desgracias.

Por su parte, la tecnología de la talla fue dando pasos hacia las técnicas actuales, capaces de extraer todo el brillo y el centelleo a las mejores piedras. Del inicial corte «en punta», aquel que apenas pulía las caras del octaedro original, se pasó a diferentes tallas cada vez más minuciosas. Ya en el siglo XV se desarrolló el corte «en mesa», más tarde surgieron los cortes «Mazarino» o «rosa», y hubo que esperar hasta 1919 para que apareciera la talla más famosa y utilizada de todas: el «brillante». Inventada por el ingeniero belga de origen judío Marcel Tolkowsky, sus cincuenta y siete facetas logran lo que su propio nombre anticipa: hacer que casi toda la luz que entra en el diamante sea reflejada por la piedra y se disperse como si de un pequeño sol en miniatura se tratara.

Y así llegamos al año clave de 1947. Los ecos de la Segunda Guerra Mundial todavía se escuchaban, y los horrores del Holocausto y de las dos bombas atómicas seguían frescos en la memoria. No parecía el mejor momento para dejarse llevar por el lujo y la ostentación, pero fue justo entonces cuando la firma De Beers lanzó una campaña publicitaria cuyo impacto todavía se deja sentir casi ochenta años después. Ansiosos por encontrar nuevos nichos de mercado, los dirigentes de la empresa decidieron apostar por los anillos de compromiso como el mejor vehículo para relanzar el comercio mundial de diamantes. Desde hacía casi una década trabajaban con la agencia de publicidad N. W. Ayer & Son, y fue al final de una agotadora jornada de trabajo en 1947 cuando la redactora Francis Gerety acuñó el eslogan que cambiaría el negocio para siempre: «A diamond is forever».

Pocas veces cuatro palabras —cinco en la traducción española: «Un diamante es para siempre»— han supuesto tanto. A partir de aquel momento, multitud de parejas estadounidenses decidieron adquirir un anillo con diamante para cerrar sus compromisos y, al poco tiempo, fueron millones en todo el mundo las que siguieron su ejemplo. A día de hoy, se calcula que cerca de un ochenta por ciento de las parejas occidentales eligen esta gema como adorno para sus anillos, e incluso en China, donde la campaña llegó a finales del siglo pasado, el tradicional jade verde está siendo desbancado por el impulso imparable de los diamantes.

Despidámonos de la Place Vendôme, donde tantos de estos anillos de compromiso son comprados cada año. Pero no la abandonemos a pie ni en cualquiera de los coches de lujo que suelen cruzarla. Usemos la imaginación y subamos a un globo parecido al que los hermanos Montgolfier emplearon a finales del XVIII para despegar desde el no muy lejano Château de la Muette. Al elevarnos, los rótulos de las joyerías van quedando atrás, las típicas mansardas parisinas se empequeñecen y el tintineo de las copas del hotel Ritz se apaga.

Por fin, cuando la estatua de Napoleón vestido de general romano que remata la columna sea apenas distinguible, el trazado de la plaza se hará evidente y, con él, una última sorpresa. Con su forma de rectángulo ochavado, el diseño del espacio urbano recuerda de manera inmediata a una de las tallas de gema más conocidas: el corte «Asscher», patentado en 1902 por el artesano que pocos años después labraría los diamantes Cullinan. Sin embargo, no termina aquí el asombro. Cuando en 1924 Coco Chanel decidió modificar el envase de su célebre perfume Nº 5, sustituyó el tapón original —sobrio, circular y sencillo— por otro mucho más recargado cuyo aspecto recordaba a la silueta diamantina de esta misma plaza en cuyo hotel Ritz tanto tiempo se hospedó la diseñadora.

*

Desde hace miles de años, el ser humano se ha protegido del intenso sol de los veranos mediterráneos bajo las copas de los algarrobos. Egipcios y fenicios, griegos y romanos, bizantinos y musulmanes han tallado su madera, ofrecido sus hojas como alimento para el ganado e incluso usado las vainas que llamamos algarrobas para fabricar sucedáneos del mucho más exótico chocolate. Pero esos frutos no solo se utilizaron para estos fines, pues en su interior se esconden unas simientes con una propiedad excepcional: su uniformidad. Es por ello por lo que estas duras semillas fueron empleadas como medida para pesar objetos de pequeño tamaño como las gemas, dado que eran casi idénticas con independencia del árbol del que provinieran. De hecho, los antiguos griegos comenzaron a usar el nombre del árbol, *keration*, para esta unidad de medida. Mucho más tarde, los árabes adaptaron la palabra y apareció el vocablo *quirat*, de donde proviene nuestro «quilate», el cual corresponde a 0,2 gramos, sorprendentemente el peso casi exacto de cada una de las simientes de las algarrobas. De este modo, en el interior de estas vainas marrones, rugosas y retorcidas, tan alejadas del brillo y colorido de las gemas, nos aguarda un último vínculo entre el fruto y la piedra, entre el bosque y la caverna, entre lo vegetal y lo mineral.

Epílogo

[…] We are such stuff
as dreams are made on, and our little life
is rounded with a sleep.

WILLIAM SHAKESPEARE

Alrededor de 1670, un todavía joven Isaac Newton realizó una serie de experimentos que cambiaron nuestra manera de entender la luz y, sobre todo, el color. Al hacer pasar un haz luminoso por un prisma cristalino, logró descomponer esa luz blanca en todos los tonos del espectro cromático, imitando así a la naturaleza cuando colorea el cielo húmedo tras una tormenta. Después introdujo de nuevo ese espectro por otro prisma colocado de manera inversa para revertir el fenómeno y conseguir luz blanca a partir del resto de los colores. Sin aspirar a la trascendencia newtoniana, este texto se ha imaginado siguiendo un esquema conceptual similar.

Así, de la inicial blancura de la perla, se ha ido desplegando un abanico de colores como si de un arco iris pétreo y desordenado se tratara. Del rojo sanguíneo del coral y los rubíes hemos viajado a través de los naranjas del ámbar y de los rosados de los zafiros *padparadscha*. Los amarillos del cuarzo citrino y de las capas de algunas ágatas han servido como prólogo para las esmeraldas y su penetrante verde vegetal, mientras que el azul acuático de los zafiros y el misterioso violeta de las amatistas parecían provenir de similares profundidades oceánicas. Por último, y al igual que en el experimento de Newton, todos los matices de color se han agrupado y concentrado de nuevo en la transparente luz de los más puros diamantes. Del blanco nacarado de la perla esférica al blanco radiante de los cristales diamantinos, el círculo se cierra y el viaje llega a su fin.

El origen del hechizo que las gemas ejercen sobre nosotros continúa envuelto en el misterio, aunque quizás podamos atisbar un fragmento de esa atracción en los versos de otro inglés universal: William Shakespeare. Es posible que, como declamaba Próspero en el cuarto acto de la primera escena de *La tempestad*, tanto ellas como nosotros estemos hechos «del material en el que están forjados los sueños». Y quién sabe si ese es el motivo por el que, a lo largo de los siglos, hemos depositado en ellas nuestros miedos, nuestros anhelos, nuestras esperanzas y, sobre todo, nuestra inagotable sed de belleza.

Bibliografía seleccionada

, B. W., *Gemas. Descripción e identificación*, Publicaciones Técnicas Entasa, Tarragona, 1976.

AUTIN GRAZ, M., *Le bijou dans la peinture*, Skira, Milán, 1999.

BOIX LLAVERIA, S. (ed.), *Mineralia. Mensajes espirituales del reino de lo inorgánico*, José J. de Olañeta, Palma de Mallorca, 2021.

CAILLOIS, R., *Piedras*, Siruela, Madrid, 2016.

ELIADE, M., *Imágenes y símbolos*, Taurus, Madrid, 1999.

— *Herreros y alquimistas*, Alianza, Madrid, 2016.

— y COULIANO, I. P. (eds.), *Diccionario de los símbolos*, Fragmenta, Barcelona, 2022.

EVANS, J., *A History of Jewellery. 1100-1870*, Dover Publications, Mineola (NY), 1989.

FINLAY, V., *Jewels. A secret history*, Sceptre, Londres, 2005.

FRANK, J., *Joyas*, Castell, Barcelona, 1979.

HANSEN, R., *The Natural History Museum Book of Gemstones. A concise reference guide*, The Natural History Museum of London, Londres, 2022.

JIMÉNEZ PRIEGO, M. T., *Diccionario ilustrado de la joyería* (3 vols.), ACCI, Asociación Cultural y Científica Iberoamericana, Madrid, 2017.

MILLER, J., *Jewel. The definitive visual guide*, DK Publishing, Londres, 2023.

MULLER, P. E., *Joyas en España. 1500-1800.* The Hispanic Society of America, Nueva York, 2012.

PHILIPS, C., *Jewels & Jewellery*, Thames & Hudson y Victoria & Albert Museum of London, Londres, 2021.

POINTON, M., *Brilliant Effects: A Cultural History of Gemstones and Jewellery*, Paul Mellon Center, Londres, 2010.

SÁNCHEZ CABELLO, A., *El interés por las piedras preciosas*, A. G. Vicent, Valencia, 1978.

SCARISBRICK, D. y VACHAUDEZ, C., *Brilliant Europe: Jewels from European Courts*, Mercatofonds, Bruselas, 2008.

SYMES, R. F. y HARDING, R. R., *Crystal and Gem*, DK Publishing, Londres, 2007.

TAIT, H. (ed.), *7000 Years of Jewelry*, British Museum, Londres, 2008.

THOMAS, A., *Piedras preciosas. Propiedades, identifica-ción y uso*, Omega, Barcelona, 2008.

VOLANDES, S., *Jewels that made History. 100 Stones, Myths & Legends*, Rizzoli, Milán, 2020.

Agradecimientos

A ti, que has llegado hasta aquí, y a quienes también dedicaron unas horas a *Umbrales* y *El eco pintado*. Encontrar personas que lean lo que uno escribe es un honor y un privilegio.

A todo el equipo de Siruela, por volver a confiar en que estas miles de palabras podían convertirse en un libro.

A quienes han revisado este texto: Belén, mi amiga del alma; Felipe y María José, por sus atentas lecturas y por todo lo que me han enseñado desde que fueron mis profesores de Historia del Arte; Antonio, Concha, Lluís y Mercedes, mis compañeras y compañeros del Departamento de Joyería en la Escola Superior de Disseny de València.

A Cecilia, por los delicados y preciosos dibujos que enriquecen estas páginas.

A mis amigos y amigas de acá y de allá.

A mi familia de aquí y de allí, sobre todo a Emma, quien ya tiene tres libros de su tío para leer cuando crezca.

A Hugo, Ona y Pau, quienes hacen brillar cada día gracias a su incansable movimiento como si de cometas en sus órbitas excéntricas se tratara.

Y a Estrella, por ser el planeta alrededor del que gira este pequeño universo.